零基礎↗

機智選股生活

用台股打造「財富後盾」
人生更有安全感

葉芷娟 著

賺錢＋存錢＋投資＝黃金鐵三角

　　後印象派天才畫家梵谷（Vincent Van Gogh）曾說：「沒有勇氣一搏，人生如何精采？」

　　我們的父母輩在年輕時，若能進入一家知名大企業工作，宛如捧著一個鐵飯碗，可以安身立命地做到退休；但那樣的時代可能已經一去不復返了，如今再好的公司都無法保證員工可以安穩地做到退休，或者是我們自己也不甘於一直在一間公司做著同一份工作。

　　人不輕狂枉少年，我常覺得人生走一遭，敢於冒險和嘗試挑戰不同事物是很重要的。但一個人要有勇氣，現實條件就是「有錢才有膽」，正應驗了俗語所說「人是英雄，錢是膽」，能夠扎實豐富自己的荷包，才會擁有更大作夢的能力。

　　我們要怎麼做才能變有錢，甚至達到財務自由，進而實現提早退休的理想呢？先分享我一位朋友的真實故事。

　　H先生是我的國中同學，他取得博士學位後，在國內基金公司擔任經理人，負責國際市場操盤。因歐美國際盤與台灣有時差的關係，他半夜起床上廁所時，潛意識都會滑一下手機，關心市場行情走勢，與其說是上廁所順便關心盤勢，

不如說是他的身體已記憶了得起床看盤的時間。

　　我們最近一次碰面是他剛吹完三十五歲的生日蠟燭後，頭上已有四、五成白髮，這一看可嚇壞我了，趕緊對著鏡子檢查自己的髮色。從他身上，我完全能感受到基金經理人操盤的巨大壓力。不過聚餐時，他卻告訴我他太太已經擁有可退休的千萬財富。

　　「這麼厲害！她比你還會操盤買股票嗎？」

　　「沒有！她沒有買過股票，也不懂股票交易規則。」

　　看出我滿臉的問號，H先生揭曉答案，原來他太太轉職到電動車大廠特斯拉上班。外商公司的薪資結構，除了薪水本身以外，還包含員工配股。二〇二一年，當執行長馬斯克（Elon Musk）因為特斯拉股價飆漲而登上世界首富的寶座時，也為擁有公司股票的員工們提前拿到了退休的門票。

　　提到這個小故事，主要是因為多數人很容易認為想有錢就是要「很會投資」，靠買飆股致富。其實不是這樣的，我認為累積財富的黃金鐵三角是「**賺錢 + 存錢 + 投資**」，三者缺一不可，少了任何一角，財富都會跛腳！飛機降落時，也是靠三個支點的輪子，三角點絕對是世界上最穩固的支撐。努力在本業上精進提升薪資賺取正財，接著也要會存錢，儲蓄

率愈高，達成財務自由的時間愈短，最後再搭上學習投資，懂得用錢滾錢，爲自己創造更多財富。

剛出社會時的我一心努力做到本業精進，在電視台工作二年後，坐上主播台，薪水因此翻漲，然而我當時幾乎沒有存錢意識，因此面臨前一秒帥氣地提離職，下一秒卻擔心下個月現金流斷炊的窘態。

爾後，我開始存錢，開始投資，有只進不出的長期核心資產部位和賺波段快錢的衛星持股。本業上，我跳槽新東家，爭取更高的薪水。我一直身體力行財富累積的黃金鐵三角「賺錢＋存錢＋投資」，如今已靠自己賺來的錢，擁有一間自己的房子，也創立一間公司成爲自己的老闆，一步步朝著追夢的目標前進。

希望看完這本書的讀者朋友們，都能從書中分享的理財知識得到收穫。因爲「成年人的安全感，是金錢給的」。

目錄

Part 1

投資小白，理財起步走

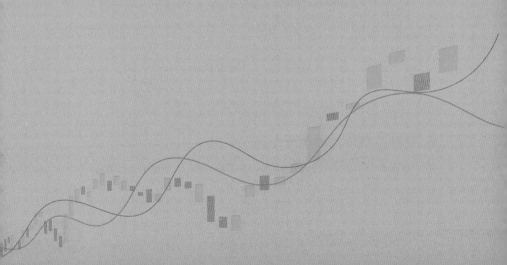

1-1

帥氣丟出辭呈，
打開銀行存款……

「你覺得去別家電視台，還可以拿到這樣的待遇條件嗎？」

儘管至今已時隔八、九年了，當天下午在會議室裡和主管氣氛結冰的對話，依然讓我記憶猶新。那種被人看扁的不舒服感受，即使是現在坐在電腦前的我，一回想起來，胸口還是難以控制地緊緊揪了一下。

當年工作的地方經歷一次巨大的人事變動，新到任的總監約談了幾個人，我就是其中之一。他並沒有要我離開公司的意思，只是告知組織改革變動會取消一些原本提供給我的工作條件，工作制度上也會有相對的調整，這些變動在某種程度上讓我有一種被降級的感覺。但最令人不舒服的，還是這一句「你覺得去別家電視台，還可以拿到這樣的待遇條件嗎？」我多年的努力與專業能力受到貶抑，內心很不是滋味，

一開始是氣憤，接著沮喪、難過了一整晚之後，隔天早上我帶著莫名的勇氣做出了一個人生中的重要決定。

「我要辭職！」四個字說出口之後，彷彿學生時期上台領獎一般，覺得自己真有本事！一股年輕氣盛的血液在全身流竄，但逞一時之快後，默默地去刷了刷銀行存摺，看到裡頭的存款餘額——大概只夠支應我一個月的生活費！

大學畢業後，我從起薪不到三萬元的電視台記者做起，每天通勤二小時，和所有社會新鮮人一樣被現實社會狠狠磨練。二年後成為電視台培訓主播，薪資收入雖有增加，不過當時的我完全沒有投資理財的觀念，一心認為只要努力工作，薪資就會水漲船高，自然可以累積財富。反思出社會三年來，我的確有做到讓自己的收入增加，但為什麼戶頭裡還是只有一個月的生活費？換句話說，在帥氣地丟出辭呈後，如果一個月內找不到工作，我的生活就可能斷炊了！

辭職那天，我坐在咖啡廳裡，喝掉二杯咖啡，認真地思考這三年中三十六次薪水入帳的日子，到底發生了什麼事？

我是台北人，吃家裡、住家裡，生活費已經比絕大部分北漂族少非常多，而記者、主播工作對剛出社會的年輕人來說，每天面對的受訪者都是比自己大上三十歲甚至四十歲的議員、市長、立法委員，衣著有時是武裝自己的道具，想辦法穿得成熟一點、再蹬一雙能讓身高一百五十五公分的我擁

有一百七十公分氣勢的高跟鞋，企圖減少一些身上的稚氣，在還沒辦法用時間與經歷累積足夠的專業之前，我選擇用服裝武裝自己。

休假時和知心朋友相約出國度假，晒幾張插著一把小傘調酒的照片，過著期待中經濟獨立的輕熟女生活，財經專家經常訓斥年輕人的消費行為，我多少都做過，唯一做對的一件事是沒有過度使用信用卡消費，因此沒有卡債。

說到「信用卡」，我先岔開個話題，建議大家至少要辦一張信用卡。我從大學以來都是使用我媽媽給的附卡，即便出社會開始工作，也沒想到要用自己的名字去申辦新的信用卡，當然更沒有向任何銀行貸過款。當我首購買房準備辦理房貸時，一開始認為：我沒有借過錢，代表沒欠過銀行錢，財務信用應該很好吧？

沒想到我錯了！對「信用聯徵中心」來說，我實在太像一張白紙了，它反而無法評估出我的還款能力與信用狀況。反倒是我先生有辦過信貸、車貸、信用卡，而且都準時還款，銀行願意給他的房貸利率比給我的條件漂亮許多！從此，我學習到重要的一課：妥善管理金融機構對自己的「信用印象」，也是理財的重要一環！

不過，申辦信用卡之後，請謹記：信用卡只是「支付工具」，不是「借錢融資工具」，絕對不要刷超出自己負擔能

力的消費額度，收到當期帳單就盡可能全部繳清，千萬不要動用「循環利息」。

曾有個大學老師在課堂上問：「大家知道信用卡循環利息是多少嗎？」多數學生回答：「2%、3% 吧！」許多年輕人都想錯了，信用卡的循環利率最高會到 15%，在銀行存款利率連 1% 都不到的年代，信用卡 15% 的循環利率真的是太貴了，絕對不要動用！而且過度消費導致沒有能力按時繳納信用卡費，也會影響自己的信用評分，如何好好使用信用卡是所有職場新鮮人或年輕人都該面對及學習的功課。

再回到前頭的求職故事，在我釋出想換工作的訊息後，友人幫我迅速牽線而找到新的工作機會，順利解除當下現金流的危機，這個經驗讓當年二十五歲的我立刻學到三件事：

一、對工作事業擁有雄心與理想的前提，是你擁有「金錢後盾」。

二、財富累積除了會「賺」，也要會「存」。

三、「緊急預備金」真的很重要。

轉職到新公司後，我立刻下載了記帳 App，花了半年時間，一筆一筆詳細記錄自己的支出狀況，精準掌握一個月平均會花多少錢，再把這個數字乘以六，在存到這筆錢之前，我停掉了所有出國旅遊、治裝等休閒娛樂消費。從那一天起，我的戶頭裡一定留有至少六個月生活費的「緊急預備金」，這

是一筆如果面臨失業，能有半年彈性空間的「保命錢」。從這次帥氣丟辭呈的經驗中，我學到了第一堂金錢課。

1-2

你需要的錢愈少，
達成財務自由的時間愈短

「一個月該存多少錢？」回答這個問題之前，我們先來看幾個情境。

假設有一對新婚小夫妻，二個人每個月薪水合計是十萬元，他們希望存到一千五百萬元退休金，於是固定把存下的錢投入每年配息 5% 的金融商品。

小夫妻每個月存 20% 的薪水，也就是二萬元，他們大約需要二十九年才能達到目標；如果牙關咬緊一點，存下一半 50%，每個月存五萬元，十六年左右就能存到一千五百萬元；更極端一點，二個人省吃儉用到極致，一個月儲蓄率高達 80%，也就是賺十萬存八萬，那麼只要工作十一年半，他們就可以手牽手離開職場了！

這就是「儲蓄率」的微妙，儲蓄率 20%、50%、80%，達

成目標的時間截然不同。雖然我也不得不承認每個月要達到80% 儲蓄率真的很不容易，但不爭的事實就是：「你生活支出的錢愈少，存下的錢愈多，達成『財務自由』的時間就愈短。」

說到存錢，除了老生常談的黃金公式：「收入－儲蓄＝支出」。再分享幾個我在日常生活中存錢的方法：

● 結帳前改用「百分比」看價格差異

一杯八十元的咖啡和一杯一百元的咖啡，你覺得差多少？你會因為這間店的咖啡貴了二十元，就不去光顧嗎？可能不會，二個十元銅板的差距，你的感受或許沒有很強烈，且足以因其方便性或咖啡廳營造的氛圍而決定買一杯貴一點的咖啡。

讓我們一起換用「百分比」概念來看，八十元咖啡和一百元咖啡，兩者的價格有 25% 的差異！這時候我會問自己：「股票投資想賺 25% 有多難？」、「想加薪 25% 更是宛如天方夜譚！」

這樣一來就很有感覺了吧？所以，我每次結帳前都不是比較「絕對數字」的金額，而是改用「百分比」來看價格差異，百分比更能讓我們「有感」，讓自己感受到兩種價格之間的真實差距。

● 善用母子帳戶設定目標存錢

　　每個人都需要爲存錢「設定目標」，這正是我一直站在「買房派」而非「租房派」的理由之一。以我自己來說，決定買房前和決定買房後，我對待金錢的態度截然不同，爲了買房、爲了存頭期款，或是買房後，每個月繳房貸讓手頭的可支配現金變緊，但有一間自己的小窩，有一個具體的目標，所有外人看來省錢省到有點心酸的事，我都甘之如飴，因爲實際看到成果就在眼前，這是「設定目標」的威力！

　　大家可以試著爲自己設定幾個目標來存錢，也許是「買房頭期款三百萬」、「出國讀研究所二百萬」、「帶爸媽搭郵輪旅行六十萬」，把目標寫下來，接著善用銀行提供的「母子帳戶」來存錢。

　　什麼是「母子帳戶」？就是在原本的帳戶之下，新增「子帳戶」，可用銀行的 App 來開設，過程和開立 E-mail 帳號一樣簡單。母子帳戶之間除了轉帳完全不用手續費之外，還可以「更改帳戶名稱」，千萬別小看「改名字」這個看似微不足道的小設計，當帳戶有了專屬的名字，不再只是冷冰冰無感的一串數字，你會知道這個帳戶裡的錢都是爲了達成某個目標而努力存的，看著帳戶上的數字愈來愈多，你的動力就會愈強，愈不會動用裡面的錢，這是很有趣的心理學！

玉山銀行可說是開立子帳戶的始祖，缺點是一定要使用電腦版才可以申請子帳戶；台新銀行 Richart 數位帳戶頁面設計年輕直覺，使用方便順手，不過子帳戶的錢只能轉帳到自身的母帳戶，無法直接轉帳到他行帳戶，便利性稍嫌不足。國泰世華銀行是我覺得最好用的母子帳戶，子帳戶不限券商都能當交割戶，這個功能滿強大的。

● 小豬公無感存錢術

「存豬公」可不是小朋友專用的儲蓄方式，它是最無感、無痛的存錢術，也是我自己執行了五、六年的習慣，我每年都會買一個塑膠小豬公存錢筒，它只有存入的開孔，「殺豬公」時一定要拿剪刀剖開才能把錢拿出來的那種小豬。

我只餵這隻小豬公五十元硬幣，每天回家便把皮包裡的五十元銅板丟進去，我甚至會刻意把百元鈔拿來付小額款項，希望老闆找零五十元銅板給我，回家就可以餵小豬了！

你們不妨猜猜一年下來可以存多少錢？我實測了五、六年，每年都有二萬元左右的意外之財，這筆錢會是很好運用的投資本金，拿來買一張配息殖利率 5% 的金融股或 ETF 綽綽有餘。

存小豬公 → 存股、存小豬公 → 存股，按照這個循環來

做，只要紀律執行十一年後，你會發現自己意外無痛地存下約三十萬元，如果從上大學十八歲開始執行，三十歲前就能滾出三十萬元，這會是一筆做任何事情都很好用的起頭金。

1-3

投資新手如何學買股？

　　每當有人問我：「投資新手要如何開始學買股？」我都會半開玩笑地說：「換一個職場同事會和你談錢的工作！」

　　這其實是我的真實體會，自從轉到財經電視台上班，職場上接觸到的每一個人都在聊財經、聊投資，從股票、基金、期貨到經濟學、產業趨勢、虛擬貨幣、房地產等；茶水間也互相分享哪家銀行信用卡優惠最多，哪家證券公司手續費最殺！古語有云：「近朱者赤，近墨者黑。」絕對有它的道理。

　　這個環境讓我第一次感覺到「談錢」是如此理所當然且自在的事！而這次轉職被我視為人生中最棒且最正確的一次選擇。

　　我自己學財經的方法很老土，每天早上八點鐘，比表定上班時間提早一小時進公司，預先買好「經濟日報」和「工商時報」二份財經報紙，像準備升學考試般，一個字一個字「讀」，

旁邊放一本小筆記本，把看不懂的名詞都寫下來，在正式開始工作前的空檔一個一個查，查完一個就畫線槓掉一個，全部槓掉的瞬間有如考卷終於寫完最後一道題目般爽快。

如果查了資料還是不懂，我的工作中會遇到很多證券分析師、財金系教授，我會私下向他們請教。每天的工作完成後，再次把早晨寫下的名詞一一確認理解，然後才離開辦公室。

這樣每週五天、每月四週，扎扎實實地執行了三個月之後，我才開始有種「嗯，我看懂了！」的感覺；繼續這樣做了半年以上，我終於有辦法在看到財經資訊時舉一反三，比如看到美國聯準會準備升息了，就知道黃金、債券有壓力了；看到國際股市大跌，就知道日幣可能因為避險情緒而走揚。面對不同變化的政經局勢、盤勢發展，開始知道該怎麼操作對應的金融商品。

然而有了財經背景知識之後，我對於台股產業還是很陌生，所以把目光轉移到台股的「熱門排行榜」，以 Yahoo 股市 App 來說，首頁上每天都有「成交量熱門排行」和「漲幅熱門排行」，這些都是當天台股交易量最大、漲最多的個股，我會從這二大熱門榜中，隨意挑出二檔個股去了解這間公司在做什麼？它的老闆是誰？

要認識一間公司最基本的是先知道它主要是靠什麼賺

錢？我們能理解它的商品和服務嗎？我們自己有使用這類商品嗎？再來，我會去稍微了解公司上下游的關係，誰給它原料？它把商品賣給誰？等相關資訊。

想了解這方面的產業訊息，我推薦讀者朋友可以買一本財金文化出版的《股市總覽》，分成上市和上櫃二本，每一季都會出版一本，但我們不用每季都買，有一本即可。它就像台股字典，依股票代號順序編寫，把每間公司的主要事業群、近來產業話題與母公司、子公司或同產業競爭者全部整理出來。短短幾句話就能讓我們快速認識一間公司。

以二〇二〇年春季版《股市總覽》來說，它這樣介紹 2330（台積電）：「全球最大晶圓代工廠，在先進製程領域已領跑全球，七奈米製程囊括所有一線大客戶，前三大客戶分別為：蘋果、華為、高通……」；1101（台泥）：「營運水泥及水泥製品之生產和運銷。水泥本業營運穩健，近來轉投資和平電廠、達和航運獲利佳。也進軍非洲，與土耳其 OYAK 集團合資，於象牙海岸打造環保水泥廠……」

另外，「產業價值鏈資訊平台」也是我常用的網站，它以產業類別出發，例如點選「綠色能源儲能」類別，它會告訴我們這個產業上游為矽晶圓材料，中游有太陽能電池、太陽能電池模組，下游為太陽能發電設備系統和太陽能電廠。分別有哪些國內、國外上市櫃公司都以表格化整理好，是很實用

的網站。

最後，想了解一間企業，我也會想多認識這間公司的老闆，可以上網找一些專訪的影片或報章雜誌的報導來看。婚姻裡，我們常說原生家庭很重要，一對夫妻要在價值觀、金錢觀等方面契合，原生家庭的影響很關鍵。我認為企業老闆對企業的影響力也是一樣的，甚至可以說一間公司的經營風格，老闆是關鍵。

這套認識公司的學習過程又經過了三個月，我仍然覺得自己的知識很片段，彷彿點與點之間缺乏線連結，線與線之間也組織不成面，所以開始進入學財經的下一步：「準備考試」，藉由準備考試讓自己「系統化學習」。

我從最基礎的「全民財經檢定」、「證券商初級／高級業務員」、「投信投顧業務員」、「人身保險／產物保險業務員」，一路考到「證券投資分析人員」，成為新聞業界第一個擁有證券分析師執照的財經主播。

以證券分析師考試來說，考試有四個科目《證券交易相關法規與實務》、《投資學》、《會計及財務分析》、《總體經濟及金融市場》。完整準備過一次考試，雖然沒有讓我立刻化身成為厲害的操盤手，但讓我腦中如繁星點點的片段財經知識，開始連成有意象的美麗星座，在實戰操作中非常有幫助。

我曾在 Facebook 上分享如何準備證券分析師考試的方法

與用書，附上 QR Code 給有興趣的讀者參考。

　　當然，上述的學習方式都只是「學院派」，說得一嘴好投資理論，若沒有實戰，口袋還是難以累積財富，實際下場演練，繳點學費也是很重要的過程。

　　總而言之，看報紙 → 認識熱門股 → 準備金融證照考試 → 實戰，這些過程是我自己學投資買股的方式。若讀者朋友們沒有在金融相關領域工作，倒也不需要和我一樣去準備證照考試，建議可以透過上一些股票投資總論相關的社區大學課程或線上課程，經由老師們編排過的課綱來進行「系統化學習」。

1-4

「時間」是投資路上最大的明牌

　　曾在財經討論版上看到網友提問：「最近開始試著規劃未來人生，實際規劃發現沒有錢什麼都做不到，想趁每個月薪水有點結餘，學習用錢滾錢，目前每個月可投資一萬元，目標是五年後擁有人生第一桶金，該存股嗎？要存哪一支？還是定期定額買基金？買哪一支？求各位先進指導，讓我第一次投資就賺錢！」

　　首先，任何投資理財的第一步都是「確認現況」，第二步是「設想投資目標」。上述例子中，每個月有一萬元投資是現況，五年後希望有一百萬是投資目標。但問題來了，第三步「找尋投資標的」該怎麼做呢？如果以每個月投資一萬元，五年存到一百萬來說，要達成這個目標得找到一年有

19% 年化報酬率（Internal Rate of Return, IRR）[1] 的商品才可能達成，難不難？當然難。

如果我們用時間換取空間，把達成目標的時間增加一年，用六年時間來達成，那麼只要年化報酬率 11% 就可以達標；如果願意用七年，只要年化報酬率 5% 的商品就能達陣，是不是感覺容易多了呢？

以上面的例子來看，我會建議大家不用糾結一定要五年達成，而去挑高風險的股票；將時間拉長到七年達成，就會安心許多。請永遠記得報酬率不是愈大愈好，報酬率愈高，也代表風險愈大。

這個投資觀念正呼應了股神巴菲特（Warren Edward Buffett）的經典名言：「人生就像滾雪球，只要找到溼的雪和很長的坡道，雪球就會愈滾愈大。」

套用到投資理財這件事情上，很長的坡道指的是「時間」，至於坡道要長，要麼你活得久一點，要麼就是早一點開始投資；再來，溼的雪指的是「投資報酬率」（Return on Investment, ROI）[2]，愈溼的雪球在滾動的過程中能吸附愈多雪，也就是說投資報酬率愈高，資產就能滾愈大；最後，一

---

[1] 年化報酬率也稱為內部報酬率，它是購買儲蓄險、年金險、定期定額投資，以及許多投資產品必須參考的數字。比起單純的年均報酬率，因為加入複利因素，可以更容易掌握精確的績效。之所以叫「內部」是這個數字並未考量外部因素（如通膨）。

[2] 投資後所得的收益與成本間的百分比率。

開始的雪球也要大，雪球指的是「本金」，這很好理解，本金愈大，最後滾出的成果當然愈大！

把名言換成公式就是「**投資 = 本金 × 報酬率 × 時間**」，一般人最在乎「報酬率」，最好可以重押一檔飆股，明天資產直接翻倍。但老實說，認真看這三個要素，我們最能掌控哪一個？毫無疑問絕對是「時間」。我們很難在一開始就有很多本金，也很難保證會有多少報酬率，但「時間」這個要素絕對是可以自己掌握的，早點開始是只要有心就一定能做到的選項。

接著，我們用六十五歲存到一千萬退休金來當例子。假設我剛出社會不久，二十五歲時就開始為自己準備退休金，一年平均只需要存八萬二千元，相當於一個月存六千八百元就能達成；如果四十五歲才開始準備，一年就需要存三十萬才能達成目標，相當於每個月得存二萬五千元，以此類推，愈晚開始準備退休金，要達到一千萬的目標，每個月就得準備存愈多錢。

以定期定額方式，每年必須準備金額如第 26 頁表：

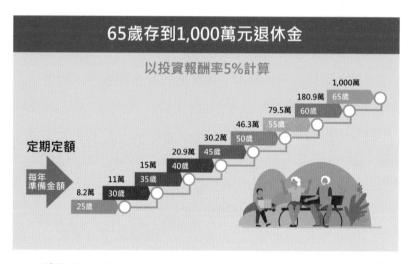

請切記：投資的這條道路上，「時間」才是最大的明牌！

1-5

富豪買債券，窮人炒期貨，
我該買什麼？

華爾街有句話說：「富豪傾向於債券，中產傾向於股票，窮人忙著炒期貨！」

相較於中產階層，富豪們對債券的配置比例更高，這很正常，財富愈多愈擔心風險，對他們來說，防範風險比報酬率高低更重要，雄厚的本金之下，看似不起眼的 2% 報酬率能創造出的實際獲利數字，已是一般中產股票族翻倍報酬率都不一定能賺到的錢。而對窮人來說，本金不多的情況下想翻身，還真得靠開金融槓桿，不成功便成仁。這句俗諺雖然帶了點戲謔，卻也不失其道理。

我們多數人都不是富豪，姑且不討論債券，就聊聊股票和期貨吧！用交通工具來譬喻，「股票」就像自己開車，要走快速道路還是一般平面道路，速度要快或慢自己決定。「期貨」

則像騎機車，在壅塞的路上，輕便的交通工具擁有極佳的靈活性，但是肉包鐵，一不小心就會跌得鼻青臉腫，甚至受重傷。

因此對大多數人來說，股票是最好入門的投資工具。在進入投資領域之前，我們先來回顧股票的歷史：時間回到十七世紀大航海時代的歐洲，人們出海探險到世界各地經商，買賣瓷器、香料等物品，每趟航行回來，總能賺取鉅額利潤；然而遠洋航行風險大，若不幸遇上船難、暴風雨、流行病等，可能全軍覆沒，血本無歸。

每趟航行所需資金不菲，不確定性又高，願意掏錢支應航程的金主愈來愈少。荷蘭東印度公司想出一個奇招，它向民眾募資，告訴大家只要出一點錢，就能拿到荷蘭東印度公司的憑證，一旦公司的航船回來有賺錢，大家都能一起分享利潤；相對的，一旦血本無歸，也得由大家一起承擔。

荷蘭東印度公司用這套方法募得一大筆錢，因此雇用更多船、航行到更遠的地方、賺更多錢，後來改為每四個航次回程才分一次利潤，這是「股東」和「配息」的前身。

我們掏錢買一張股票，本質上是看好這間公司未來的發展，期待它運用我們的資金，買更多機器設備、做出更好的產品，只要公司賺錢，大家可以一起躺著賺、坐著賺、趴著賺；但如果公司沒賺錢，我們就一毛錢也拿不到。投資公司，

每年等分潤，這是投資股票最原始的意義。

後來衍生出其他交易方式，如果有一天我們不想當公司股東了，可以到股票市場上把手上的股票賣掉，假如我原先是用二十元買進，現在有人願意用三十元向我買，等於我賺到十元的價差。

投資股票主要是賺二種財：一種是買了某家公司的股票，每年等著這家公司分配營業利潤給我，也就是賺「股息」；另一種則是低價買高價賣，賺「價差」。

● 賺股息vs.賺價差

建議讀者朋友們在買進股票之前，一定要搞清楚自己是哪一種屬性的投資人？是類似股神巴菲特，買進後就準備以年為單位地持有，跟著投資標的公司一起成長，然後每年領股息的長線投資一族；還是你比較嚮往德國股神科斯托蘭尼（André Kostolany）的投資方式，買進之後幾週、幾個月，賺一波段就會出場，享受在股市裡殺進殺出賺快錢的短線價差派。

沒有對錯或好壞，只是二種投資方式挑股票的方法，還有交易思維都不太一樣。你可能會說：「不能二種都做嗎？」當然可以！但實務上，假設原本想投機賺點短波段財，結果

買進之後股價一直跌，我們很容易開始催眠自己：「還是……改長期投資好了。」請注意！這種根本不叫兼顧投資與投機，而是自己的停損紀律沒確實做好罷了！

如果你還是想要兼具投資與投機的方式，以我自己為例，可以直接開二個證券帳戶，一個專門買長期績優股、ETF，以領股息參與公司經營成果為目的的投資；另一個帳戶則完全以投資熱門股獲取短線價差為主。

人的腦子很奇妙，一旦帳戶分開了，開啟不同帳戶 App 時，腦筋似乎比較容易開啟切換機制，不容易在長期投資裡追高，也不會在短線操作裡不甘停損。如果你想賺股息又想賺價差，我建議直接開二個帳戶分開操作。除了要有很清晰的思維邏輯，也得透過資金不同的分配來做紀律的操作，才能享受二種交易並存的美好境界，不然還是取其一就好。

1-6

如何挑個好券商開戶？

　　常有朋友問我：「我想學買賣股票，妳可以教我嗎？」我通常會先反問：「你有證券帳戶嗎？」妙了！五個人之中約有三個人回答「沒有」！

　　世界上最遙遠的距離是「知道」與「做到」之間，動念想學習投資台股固然很好，但也要付諸實際行動，而做到的第一步就是開立一個證券帳戶。

　　開立台股投資帳戶不是到中國信託銀行、國泰世華銀行或玉山銀行等銀行體系，我們應該找的是「證券公司」，例如：國泰證券、玉山證券、凱基證券、元大證券等。請找一個上班日，帶著你的印章、身分雙證件（如身分證和駕照等）到證券公司去開戶，這個證券帳戶在未來會紀錄我們所有股票買賣的每一筆資訊。

　　不過只有證券帳戶還不夠，一個證券帳戶必須綁定一個

銀行帳戶，買股票時，股票款項會從這個銀行帳戶裡扣款（要有足夠的存款金額支付所買的股票金額）；同樣，賣出股票後，股款也會匯入到這個銀行帳戶裡。每家證券公司搭配的銀行都不一樣，我們無法自己指定要綁定哪家銀行，因此得實際詢問券商和哪家銀行搭配相關業務。

至於選擇哪家證券公司比較好呢？我自己考量的優先順序如下：

一、離住家／工作地點愈近愈好。

二、可選擇定期定額的股票數量愈多愈好。

三、手續費折扣。

● 離住家／工作地點愈近愈好

你們可能覺得很訝異，為何決定到哪家券商開戶的首要條件，居然不是手續費折扣，而是就近地點？我用下面的故事解釋給你們聽。

股版社群上，曾有一位網友分享了驚心動魄的三小時驚魂記。那是個往常的上班日，她用 App 看了當天的盤勢，想以二百元的價格買進十五股長榮零股股票，股款金額算起來約三千元左右。隨手下單後沒幾分鐘，成交推播立刻跳出，這時，她定神一看，顯示的卻是成交十五「張」長榮股票，待

交割金額高達三百萬元。這位網友當場嚇到差點瘋了，她只是要買十五「股」，誰知笨手指沒按到「盤中零股」交易，竟成交了十五張[3]。

　　想到二天後[4]要湊出遠遠超出她能力範圍的三百萬元，腦中空白了好幾分鐘，第一次感受到氣溫高達三十五度，卻全身發冷的感覺。怎麼辦呢？趕緊打電話給營業員，營業員提供給她的解決建議是立刻「當沖賣出」[5]。簡單來說，以二百元買了十五張長榮，就算股價下跌到一百九十元，網友當沖賣出，約虧損十五萬元，她的帳戶裡有十五萬元即可交割，虧損十五萬元比短時間湊出三百萬元來得可行，她當下接受了營業員的提議，希望立刻當沖賣出股票。

　　但問題來了，「當沖交易」是一項必須另外開啟的信用交易功能，需要本人回開戶的證券公司簽署才行。她的證券帳戶是當初友情支持台中營業員朋友而開設的，因此，這名在桃園上班的網友趕緊向公司請假，飛也似地開車到台中，一定要趕在收盤前開通當沖功能，趕緊把股票賣掉才行。

　　網友形容在開車的過程中，腦中閃過各式各樣的情況，如果趕不及開通當沖功能，她能向誰借錢？若發生違約交割，

---

[3] 一張股票＝一千股，以此長榮股票為例，一股二百元，一張股票的股款是二十萬元。
[4] 台股交易為Ｔ＋2扣款，即今日股票買賣成交，後天上午會從帳戶扣款或把股款匯入帳戶。
[5] 當天買進後當天賣出同檔股票，僅需就差額收付現金。

工作會不會不保？失了魂似地到達台中，終於辦理完成相關手續，最後在營業員的協助下，以二百一十二元價格當沖賣出十五張長榮。當天長榮股價走高，最終反而賺了十八萬元，但她一點開心的感覺都沒有，這次經驗著實嚇壞她了！

自從盤中買賣零股制度上路後，對小資族來說是一項德政，因為我們可以用少少資金就能參與台股，從三千元、五千元開始練習買賣，不需要像過去一次至少得買一張，壓力不會太大。只是 App 介面轉換，時不時就傳出有人按錯單，把想買「股」的單位，下成「張」。

網友的真實經歷可給我們開戶選擇券商時做為參考。雖然目前許多文件都可以在線上完成簽署，但開通某些重大功能時，仍然會被要求本人回開戶分行簽署聲明才行，因此我建議選擇證券公司的首要條件，還是以離自己通勤、居住路線愈近愈好。

● 定期定額標的數量

「定期定額」是非常適合小資族的好用投資方法，但目前每家券商提供可定期定額的標的數量都不一樣，假設 A 證券公司提供一百檔股票的定期定額，我認為就比只提供二十檔的 B 證券公司來得好。

以下整理截至二○二二年初，各家券商提供定期定額標的概況：

券商定期定額標的概況					
國泰證券	富邦證券	元大證券	凱基證券	玉山證券	永豐證券
84 檔股票 83 檔 ETF	86 檔股票 62 檔 ETF	45 檔股票 14 檔元大 發行 ETF	148 檔股票 95 檔 ETF	150 檔股票 非槓桿／非 反向型 ETF 皆可	92 檔股票 47 檔 ETF

* 上述資料統計至二○二二年二月

● 手續費折扣

「求救！我買了人生第一張股票，股價沒漲也沒跌，但我去帳戶看『未實現損益』，金額卻是負的，怎麼會這樣？」

這是許多股票投資新手都曾發出的疑問，解答很簡單，因為股票有「交易成本」。買賣股票除了股款本身之外，買進時會有 0.1425%「手續費」；賣出時會有 0.1425%「手續費」和 0.3%「交易稅」。

舉例說明，假設我今天用一百元買了一張鴻海股票，後來同樣以一百元把股票賣出，需要額外負擔多少成本呢？

買進：

100 元 ×1,000 股＝ 100,000 元（股款）

100,000 元 ×0.001425 ＝ 143 元（手續費）

賣出：

100,000 元 ×0.001425 ＝ 143 元（手續費）

100,000 元 ×0.003 ＝ 300 元（交易稅）

合計交易成本：143 ＋ 143 ＋ 300 ＝ 586 元

就算以相同的一百元價格買進又賣出，還是虧損了五百八十六元。而券商 App 裡的「未實現損益」，就是自動加計手續費與交易稅後的結果。

證券交易稅是繳給政府的，我們沒辦法調整，而「手續費」折扣則是大家可以選擇要在哪家券商開戶的考量因素之一。目前大多數的證券公司，只要用電腦、手機 APP 電子下單都會回饋約六折左右的手續費折扣，如果月交易金額大於三百萬元，也能主動和營業員商談更優惠的手續費折扣。

通常證券公司第一時間會先向我們收取正常的手續費，折扣後的手續費會以月結方式，在下個月一次退還給我們。

● 股票買賣的遊戲規則

想前進台股市場，遊戲規則說多不多，說少也不少，我常常被其他人逗得哭笑不得。例如：曾有新手網友問我：「股票買貴了，買進當天就下跌 3%，他不想要這張股票了，想把

證券帳戶對應扣款的銀行帳戶裡的錢清空，讓系統扣款不成功，這樣可行嗎？」

當然不行啊！這樣是「違約交割」，一旦違約交割：

一、帳戶會被凍結且留下信用不良記錄，以後可能再也開不了股票證券帳戶、無法申辦信用卡、無法辦理貸款等。

二、違約交割後，券商會直接把違約交割的股票賣出，若賣出金額低於原先的買價及手續費，券商會繼續追討剩餘差價金額，還會加收一筆總成交金額 7% 的違約金。

三、若違約交割情節重大、影響市場秩序，甚至會面臨刑事責任。

你一定要弄懂台股 T + 2 的扣款機制，週一下單買到股票，那麼二天後的週三，系統就會自動從你的銀行帳戶把股款扣走，至於幾點扣款，每家券商的設定時間不太一樣，有些在凌晨台股還沒開盤前就扣款了，有些直到中午左右才扣款。我自己的習慣是買到股票的隔天晚上之前，銀行帳戶裡一定要有足夠支付股款的錢。

還有一些台股交易小常識一併提供給大家參考：台股的開盤時間是週一到週五的上午九點到下午一點半（國定假日

除外），如果你當天下的單在收盤之前都沒有成交，委託單就自動作廢，若仍想買進，明天請重新下單。

一般來說，我們當天買進的股票是不能當天賣出的，必須至少隔天才可以賣出。如果想要當天買、當天賣，得到證券公司開通「當沖信用交易」。開通「當沖信用交易」的資格是必須開戶滿三個月，最近一年有十筆以上的成交記錄，最近一年買賣成交金額達二十五萬元以上，還要簽署相關文件才可以。

最後，台灣股票市場有漲跌 10% 的限制，一支股票一天最多漲 10% 就漲停鎖住，不會再漲；一支股票最多也只會跌 10% 就跌停鎖死，不會再跌。漲跌幅限制世界各國的相關規定都不同，台灣和中國都是 10%，而美國和香港股市則沒有漲跌幅限制，一天之中，股價漲跌 20%、30%、40% 都是有可能的。

1-7

投資起手式！定期定額買股

友人：「我投資定期定額的股票虧了 3%，怎麼會這樣？我把它賣掉了。」

我：「你設定一次扣多少錢？扣款多久了？」

友人：「一次三千元，扣五個月了。」

我：「……」

類似的對話，三不五時就會出現在我和親友的對話之間，讀者朋友們有看出其中問題嗎？

初期踏入股票市場，許多專家都會建議從「定期定額」開始，我也不例外。尤其，我認為定期定額買股對年輕人來說，還有強迫儲蓄的效果，一個月三千元、五千元，二年下來，在不知不覺中就能存下七萬二千元、十二萬元，對收支容易不平衡的年輕人來說，是強迫自己存錢非常好的方法。

顧名思義，「定期定額」是和證券公司約定好扣款日期和

固定的扣款金額，時間到了，證券公司就會自動把你的錢扣走，幫你到市場上買股票，買到的股票再進入你的證券帳戶中，每個月規律地執行。「定期定額」買股票幾乎不用考慮何時開始，如果真的不小心買在波段高點而買貴了，也可以利用長時間扣款來降低平均成本，這就是大家常說的「微笑曲線」，當行情向下時，雖然股價愈來愈低，但同樣的金額在過去可能只能買到十股，現在能買到十二股或十五股，你就可以擁有更多股數，擁有比較低的平均股價成本，當股價行情開始反轉走高，只要股價大於平均成本時，就會開始賺錢。

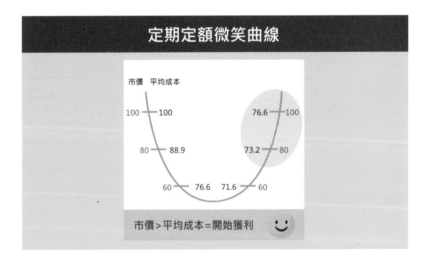

定期定額微笑曲線

市價 平均成本

100 — 100　　　　　　　76.6 — 100

80 — 88.9　　　　　　73.2 — 80

60 — 76.6　　71.6 — 60

市價 > 平均成本 = 開始獲利　😊

看到這裡，大家有發現一開場的對話中，我那位友人的盲點了嗎？他看到定期定額股票下跌，短短幾個月就停止扣款，微笑曲線只走了左半部，都還沒開始勾上來，完全失去了定期定額長期持續投資的精神。

● 堅持長期扣款，至少維持二～三年

　　定期定額存股金律第一條：**堅持長期扣款至少二年，即使面對市場下跌也不能停扣。**

　　整體市場的大環境景氣或一般企業的營運狀況都會有高有低，定期定額的微笑曲線要發揮效果，就得完整參與高峰與低谷，絕非短期能看到成果，二到三年是基本投資時間。我強烈建議一旦開始定期定額，至少等二年後再來檢討是否停扣。若是遇到任何風吹草動就急著出場，不但無法發揮定期定額買在平均成本的優勢，也容易陷入追高殺低的窘境。

　　用數據來說話，二〇〇八年金融海嘯是近年來股票市場面對最嚴重的重挫，我們以美股 S&P500 指數為例，以最衰的狀況從金融海嘯前最高點──二〇〇七年十月九日這天開始定期定額和單筆投資 S&P500 指數來看，第一年不論是定期定額或單筆投資都會面臨 30% 甚至 40% 虧損，到了第二年市場回升，定期定額下跌時仍紀律投資所擁有較低的平均

成本開始發揮效果，到第三年定期定額已能成功翻到正 10%
獲利。

定期定額至少扣款二年

以S&P500指數為例

2008年金融海嘯前相對高點(2007.10.9)進場投資

定期定額　　　　　　　　　　　　　　　　單筆投資

■ 第一年　■ 第二年　■ 第三年

＊以每個月月底定期定額投資一百美元為固定金額計算。

● 定期定額漲多要適時停利

我們定期定額投資追求的是「微笑曲線」威力，但如果買
進後，行情並非往下，反而一路上漲，之後才開始回檔，這
時「微笑曲線」也有可能變成會賠錢的「悲傷曲線」，怎麼辦呢？

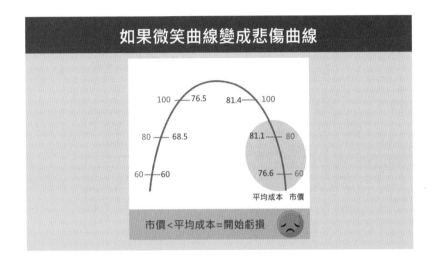

定期定額存股金律第二條：**要懂得適時「停利」！**

當市場行情一路向上時，手上的定期定額投資有賺錢時，反而要懂得適時停利賣股，讓獲利入袋以保住勝果，才能避免發生「悲傷曲線」的狀況。

該怎麼停利呢？

一、絕對數值：15% ～ 20%，雖說絕對數值沒有標準答案，但一般來說，二成左右的獲利確實是市場普遍的停利共識。

二、整體預期獲利：假設你原本期待二年要賺 15%（年化報酬約 7%），結果如今行情好，只用一年就達到 10% 的目標了，這時也是可考慮停利的時機。

　　請特別注意，金律第二條說的停利，可不是讓你從此開始「停扣」喔！停利讓獲利實際入袋是避免悲傷曲線發生，但定期定額的扣款紀律還是要繼續進行，不到二年都不建議停止。

　　了解定期定額存股金律之後，實際執行操作步驟也要知道。和證券公司簽署「零股定期定額同意書」，最低從三千元開始[6]，選好股票後，約定一個交易日，證券公司就會幫你到市場上買股票，因為金額不大，因此買回來的都是零股，每個月五股、十股、三十股……如此下來時間久了，你累積的股數就愈來愈多了。

　　證券公司會怎麼做呢？假設今天總共有三十位投資人選擇在每個月六號扣款三千元定期定額買台積電，那麼，券商就會在六號這天統一進場買進一張台積電股票，以多少價格買進由券商決定，買回來之後，按照大家的金額換算股數比例，分拆零股給大家。一張股票拆分後，若有剩餘股數通常是由券商自行留存。

---

[6] 有些券商提供最低一千元即可定期定額，但我認為一千元的金額太低，買不了太多股數，非常不建議。

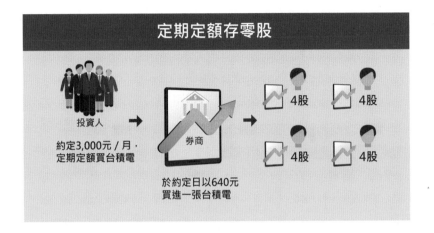

這裡有個交易小細節要提醒大家：雖然前面說過台股交易規則是 T＋2 扣款，但是定期定額買股，券商會提早在**約定交易日的「前一天」預先圈存股款**，若這天下午三點之前，你的銀行帳戶裡沒有足額的扣款金額，那麼券商在隔天就不會下單幫你買股。

另外，由於買股很難剛好買到三千元、五千元的整數，因此約定交易日後二天（T＋2）實際扣款日，券商只會扣最接近的金額。例如規劃三千元定期定額買台積電，若以當日股價六百四十元計，只能分到四股，股款二千五百六十元，實際扣款日就只會扣除二千五百六十元。所以我才會主張，定期定額買股最好設定五千元以上，若設定三千元經常實際上只買了二千多元的零股，存股速度較慢。

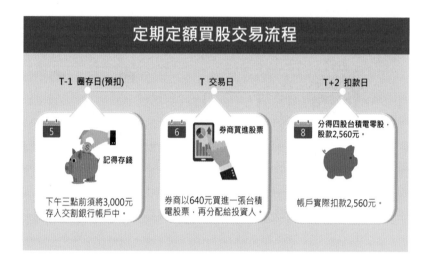

定期定額買股交易流程

T-1 圈存日(預扣)　　　T 交易日　　　T+2 扣款日

5　記得存錢

下午三點前須將3,000元存入交割銀行帳戶中。

6　券商買進股票

券商以640元買進一張台積電股票，再分配給投資人。

8　分得四股台積電零股，股款2,560元。

帳戶實際扣款2,560元。

● 定期定額標的如何選擇？

　　如何選擇一支要和它廝守至少二年的股票？其實並不難，因爲券商已經先幫我們篩選過一次了。大家有沒有發現，台股上市和上櫃公司明明有一千七百多檔股票，但券商大多只提供一百多檔股票供大家操作定期定額。也就是說，能定期定額的股票，券商大多已經就流動性、體質做過篩選，相對穩健安全。

　　如果你是剛開始接觸台股的人，我建議定期定額的標的可從台股市值最大的前幾名個股或 ETF 裡挑選即可。二〇二二年二月台股前十大市值個股分別爲：台積電、聯發科、

鴻海、中華電信、台塑化、富邦金、國泰金、長榮、南亞、台達電。

如果你已投身在台股市場裡一段時間，以我自己為例，我特別喜歡定期定額股價五百元以上，甚至是千金股[7]的股票，因為市場能給這些公司如此高股價、高期待，它們在產業裡絕對有題材、有厲害的地方。這些高價股多半又以電子股為主，股價波動較大，較難掌握買進時機，不如就靠定期定額方式慢慢買進，讓定期定額紀律投資，上漲買、下跌也買，攤低平均成本，也能參與高價股長期的行情趨勢。

截至二〇二二年二月，台股擁有十二千金，包含：矽力-KY、大立光、聯發科、富邦媒、譜瑞-KY、祥碩、力旺、信驊、世芯-KY、旭隼、AES-KY、緯穎。讀者們可以優先從中規劃定期定額的存股標的。

最後，總結給新手定期定額買股的建議：

一、堅持長期扣款，至少維持二～三年。

二、漲多要停利入袋，避免悲傷曲線。

三、下跌不停扣，逢低再加碼。

如何逢低再加碼？下一篇零股買賣會告訴大家。

---

[7] 「千金股」指股價超過一千元的個股。

1-8

定期定額＋零股交易＝
小資獲利方程式

　　我們定期定額存股一段時間之後，就有需要賣出獲利入袋的一天。常有人提出問題：「我想賣九十股，怎麼只成交了六股？難道不能一次全部賣出嗎？」這和台股的委託方式有關。

　　目前買賣股票有分一次買賣一張的現股交易和一次買賣一股的零股交易，券商 App 軟體一般預設是現股交易，若想買賣零股，必須特別點進零股交易專區。而想下單買進或賣出現股股票共有三種委託方式和二種取價方式。

　　委託方式：ROD、IOC、FOK。
　　價格方式：限價單、市價單。

先講比較簡單的取價方式：「限價單」望文生義，就是我們自己設定一個希望成交的價格，例如八十五元、一百元，當股價到達設定的價格時才會成交。優點是不會用過高的價格買入、過低的價格賣出，缺點則是股票不一定買得到或賣得掉。

　　「市價單」則是看當下市場價格跑到多少錢，就以此價格成交。「市價單」的優點是撮合順序優先於「限價單」，成交機率和速度都比較快，幾乎可說是一定買得到、賣得掉，但缺點就是當市場價格跳動太快時，成交的價格非自己可控制，有一定風險。

　　而委託下單有三種方式：ROD、IOC、FOK，這些方式只有在一次要買賣一張以上股票時才會碰到。**ROD 是最常見也是券商 App 預設的交易模式**，比如我一次想買五張股票，可能第一時間只成交了一張，剩下的四張會繼續掛著委託，等待機會撮合；但 IOC 和 FOK 就不一樣，如果第一時間只買到一張，那麼剩下沒買到的四張，IOC 系統會自動取消這筆委託，若想買另外四張請重新下單。FOK 更乾脆，比如設定要買五張，要嘛一次幫我們把五張全數買齊，要嘛一次把五張全部取消。

三種不同效期的委託交易方式

ROD（Rest of Day） 當日委託有效	IOC（Immediate-or-Cancel） 立即成交，否則取消	FOK（Fill or Kill） 全數成交，否則取消
允許「部分成交」，其餘沒成交的部分，只要沒有刪除委託單，直到當天收盤前，都是有效的委託，會持續買賣。	允許「部分成交」，其餘沒成交的部分會直接取消委託。	全部成交或全部取消委託。
舉例：亮亮想買五張股票，先成交一張，再成交二張，剩下二張沒成交，只要沒刪單，當天收盤前都是有效的委託單。	舉例：亮亮想買五張股票，只成交了一張，其餘沒成交的四張會自動取消委託。	舉例：亮亮想買五張股票，必須一次成交五張，否則會刪除整筆委託單。
* 最常使用的狀況。 * 零股交易只能以限價ROD掛單。	*「市價單」指令通常會搭配IOC。	

對交易規則有所了解後，再回到一開始友人的提問：「我要賣九十股，怎麼只成交六股？難道不能一次全部賣出嗎？」這是因為目前台股「盤中零股交易」只能以「限價 ROD」的方式掛單買賣。也就是說，雖然想賣九十股，但交易系統會慢慢撮合，若直到收盤前都沒有人願意用你限定的價格買，就可能出現只成交了六股，而其餘八十四股被留了下來的情況。

零股交易真的是非常好用的交易方式，台股一張股票是一千股，若一次要買一張，以高價股來說，得拿出的股款金額相對較多，以股王矽力-KY 曾創下的五千三百元天價股價

為例，當時買一張矽力-KY的股票就要五百三十萬元，應
該不是一般人負擔得起的交易價格，但買零股十股只要五萬
三千元，這是一般人比較容易負擔的交易價格。

零股交易適合資金不多的小資族，用少少的錢養成投資
的習慣，練習下單的感覺，也可以參與高價股的行情，好處
多多。交易時間一樣從上午九點到下午一點半之間，不過和
一張一張的股票每秒鐘都在撮合不同，盤中零股交易每三分
鐘才會撮合一次。

講到這兒，可能很多讀者會把零股交易和前一篇介紹的
定期定額存股搞混，其中的差異在哪裡呢？

定期定額存股 vs. 零股交易

	定期定額存股	零股交易
誰負責買？	券商	自己
買進價位	券商決定	自己決定
標的	有限制	皆可
買進成功率	一定買得到	可能失敗
手續費	0.1425% （不足二十元以二十元計）	0.1425% （不足二十元以二十元計）
扣款時間	必須事前存入股款	T+2 交割

定期定額存股和零股交易最大的不同是「誰負責實際進場買股」，零股是「自己」下單，價格自己決定，不一定買得到；定期定額則是「券商」幫我們進場買，要用多少錢買由券商決定，保證一定會買到！而扣款時間也不同，定期定額存股必須在預定買入日的前一天帳戶裡就要有錢，但零股交易是 T ＋ 2，真正買到後第二天再扣款，只要扣款時間點之前確認帳戶有足夠金額即可。

● 小資族的獲利方程式

我建議所有小資族都可以**同時運用「定期定額存股」**加**「零股交易」**來打造獲利方程式。目前大多數券商一個月提供三個可定期定額扣款的日子（通常是每個月的五日、十五日、二十五日或六日、十六日、二十六日），若你的資金較少，請每個月至少選其中一天定期定額扣款，由券商幫我們進場買股，以紀律的方式投資。若你的資金充裕一點，同一檔標的每個月可設定二個甚至三個扣款日，增加定期定額買股的頻率。

接著，當股票市場因為某些大環境因素，也許是疫情、戰爭等原因重挫時，逢低再用「零股交易」方式，自己進場買零股以累積更多股數。最後搭配股價逢高時賣出，「每個月定

期定額扣款 → 重挫時，零股加碼買進 → 報酬率 15% ～ 20% 左右零股賣出」，如此周而復始循環，我自己以台積電和聯發科二檔標的持續執行了四、五年，勝率百分百，從沒失手過。

關於零股交易有幾個小提醒：

● 手續費問題

我們買賣股票都要付 0.1425% 的手續費，但因為零股交易金額較低，多數券商都設有單次手續費最低二十元的門檻，也就是說，如果我們零股買了一萬元，按照比例，應該只要付十四元手續費，但因為設有最低門檻，這筆手續費就是二十元。如果只買一千元就被吃了二十元手續費，等於帳上立刻虧損 2%（還沒計算到賣出時的手續費呢！）。

雖然為了鼓勵大家用零股交易、定期定額存股，現階段很多券商都會給予很優惠的手續費折扣，有的甚至最低手續費只要一元。但要注意這些都只是推廣期的優惠好康，一旦手續費回歸正常，金額太低的定期定額或零股買賣，券商可以向我們收一次二十元的手續費。若手續費優惠取消，每次下單金額最好都在二萬元以上，才能避免被手續費吃掉太多投資報酬。

另外，零股交易沒有開放融資、融券，也無法當沖；下

單之前請務必看清楚委託單位是「股」不是「張」，畢竟自從盤中零股交易正式上路後，時不時就傳出有人誤把「股」下單成「張」，想買十股變成買十張，光是要籌出交割股款就頭疼了，所以千萬千萬要看清楚下單的單位。

● 買台積電比重高的ETF不如買台積電零股

這幾年每當台積電股價飆高時，一張動輒六十萬起跳的台積電股票，一般小資族通常買不起，報章雜誌、財經網紅就會開始介紹、整理含台積電比重較高的 ETF，買不起台積電，轉買持有台積電的 ETF，除了錢比較少，ETF 還能分散風險，好像很不錯？

我非常同意 ETF 有分散風險的效果，我們看好半導體產業，不想單押一、二支個股，改成買半導體相關 ETF，一次投資整體半導體產業，這個投資角度我認同。但如果只是因為買不起台積電，就去買台積電成分比重高的 ETF，我就不認同了。

ETF 的持股名單和權重每半年、每季都可能調整，現在台積電也許占某檔 ETF 比重 30% 以上，但接下來可能因為某些因素調降為 15%，甚至更低，而我們無法控制這些因素。另外，ETF 有經理費、保管費、指數授權費、交易稅費等內

扣成本，長期下來也是吃掉投資報酬的巨獸。

　　如果買不起一張台積電股票而又想投資它的股票，正確做法應該是去買台積電零股，而不是去買台積電比重高的ETF。平常定期定額存股，逢回檔時加碼買零股，已是勝率極高的投資方式了。

1-9

股票 vs. 基金 vs. ETF

好像過了三十歲之後，朋友們聚餐時的話題大多和買房相關，有位研究所畢業後考取外商銀行 MA 儲備幹部的朋友更是一絕，她為了買房，特地製作了一份 Excel 表格，把通膨、稅金、大樓管理費、股票投資報酬率等因素模組化，只要把標的條件輸入 Excel 設定的欄位，就能自動跑出未來十年持有現金與買房差別的財務分析。

如此精通數字的人，我當然會好奇她的理財方式，沒想到她說：「我的風險承受度超低，只買 ETF 存股。」這個回答真的出乎我的意料之外。

不過她說出了一個關鍵字：「風險承受度」。進入投資市場，我們每個人都該先了解自己的風險承受程度。是看到 -5% 報酬率就會影響正常工作的投資人嗎？還是看到 -15% 時，不僅照樣吃得飽、睡得好，還願意加碼的投資人？

如果你捫心自問、苦苦思索後，還是不知道自己是哪一種人，我建議可以實際去開立一個新帳戶，不論是基金交易平台帳戶（如：基富通、鉅亨買基金）或銀行帳戶，新客戶都會被要求填寫一份問卷，透過一些情境式提問，就能測出我們的承擔風險屬性。按下送出鍵的當下，電腦會自動顯示我們被 AI 系統歸類在哪種風險屬性類別。

　　投資理財沒有一定要怎麼樣，也不是大家都買股票，我就一定要跟著買股票，了解自己的風險承受度，找出對應適合自己的理財商品就好。一般來說，我會建議**風險承受度較低的人，優先選擇 ETF，避免買個股；風險承受度中度或較高的人，再去買台股基金或個股。**

　　投資理財常見的三種工具：股票、基金、ETF，用出國旅遊來打比方最容易理解。買「股票」就像自助旅行，所有的功課都要做，機票自己訂、飯店自己找、景點規劃、吃什麼通通要自己來，主導性強，相對承擔比較多變數；買「基金」就像跟團旅遊，從機票、飯店到行程，導遊和領隊都會安排好，我們只要第一時間選定旅行社及旅遊地區，之後就完全不用傷腦筋了。

　　而「ETF」有點像出國時直接向旅行社買機票加酒店的套裝，或報名異地一日遊行程，界於親力親為與懶人旅遊之間。ETF 又被稱作「被動型基金」，也就是被動追蹤指數，指數是

什麼呢？指數公司會用各種不同的名目來編指數，例如把台灣市值最大的五十間公司集合起來，編一個台灣 50 指數；把台灣配息殖利率最高的三十間公司集合起來，編一個高股息指數。指數公司每三個月或半年會檢視一次名單，可能納入新成員，資格不符的舊成員也會被踢出去。

指數有點像食譜，ETF 經理人看著食譜，上面寫鹽一小匙、米酒四分之一匙，就完全照作，企圖炒出一盤和食譜（指數公司編制指數）一模一樣的菜。再把追蹤指數買進的五十家或三十家公司捆成一袋 ETF 到股票市場上買賣。它們標榜追蹤指數，所以能得到貼近大盤指數的報酬。

股票 vs. 基金 vs. ETF

	股票	基金（主動型基金）	ETF（被動型基金）
比喻	自助旅行	跟團旅遊	機加酒套裝行程
適合對象	時間較多者 風險承受度高 主導性最強	時間較少者 風險承受度中	時間較少者 風險承受度低
超額報酬	V	V	X
購買平台	券商	銀行 / 基金平台 / 投信業者	券商

更細節來說，基金和 ETF 都是交由基金公司專業經理人來買賣股票，一次都是買一群公司，不會只有一家公司，優

點是可以分散風險，不會因為單一間公司股價下跌就影響全部資產收益。不過基金和 ETF 最大的差別是基金經理人「根據什麼而買？」

三大投資工具比較

	股票	基金	ETF
Who （誰決策）	自己	經理人	經理人
What （買什麼）	單一公司	一群公司	一群公司
How （根據什麼買）	自己判斷	經理人判斷	複製指數

ETF 雖然也是由基金經理人負責買賣股票，但是經理人不需要自己選股，只需要「複製指數」。「基金」就不一樣了，基金公司有很多產業研究員，他們定期參加上市櫃公司舉辦的法人說明會，直接聆聽公司經營階層說法，估算公司今年可以賺多少錢，有許多財務模組可計算出公司股價應該值多少？他們需要主動發掘好的投資機會，透過選股創造好的績效，和 ETF 訴求貼近大盤指數不同，基金的訴求是贏過指數，例如：若台股大盤今年漲 10%，而基金報酬率達 15%，就是透過選股贏得「超額報酬」。

最後，自己買股票很好理解，我們自己判斷，自己執行

買股，買進單一公司。風險完全自己承擔，優點是如果成功
挑到一家好公司，可能獲得優於大盤的「超額報酬」。

這三大商品相關的成本費用也不一樣。股票和 ETF 一
樣，買進和賣出時各收股款的 0.1425% 手續費，基金手續費
較高，一般來說，股票型基金大約 3% 左右，不過目前各大
基金平台手續費一樣殺得很凶，手續費打對折，甚至有標榜
零手續費的。

再來是繳給政府的稅，股票要交 0.3% 的證交稅，ETF
比較低，只要 0.1%，至於基金在境內買賣價差獲利是不課稅
的。最後是經理費、保管費這類雜費，買股票不會有，ETF
是由經理人複製指數，他們有做事，當然得付一點經理費、
保管費；至於基金更不用說了，我們自己當懶人，讓他們做
這麼多功課，當然會收比較高的費用。

 三大投資工具稅費比較

	股票	基金	ETF
手續費	0.1425%	3% （各平台折扣不同）	0.1425%
交易稅	0.3%	X	0.1%
經理費	X	V 較高	V 較低
保管費	X	V 較高	V 較低

● 新手從ETF開始投資

　　一般來說，風險承受度比較低或剛開始投資的新手，我會建議從 ETF 開始，原因很簡單，一次投資一籃子公司可以分散過度集中單一個股的風險，而且 ETF 是追蹤指數，大盤整體漲多少，ETF 大概就會漲多少，算是適度參與市場。

　　中度風險承受度的人，我會建議投資台股基金，由於基金是由基金經理人做功課後下的投資決策，有人治的特色，因此風險會比 ETF 大一些，不過只要基金經理人夠厲害，以二〇二一年來說，台股大盤整年上漲 23%，市場上一百六十六檔台股基金平均報酬率達高達 40%，表現最好的前五檔基金，報酬率更高達 70% 以上。尤其在股市多頭時期，由經理人主動操作的基金，透過經理人選股，確實可以創造更高的報酬。最後，風險承受度更高的投資人，可以選擇自己買賣個股。

● 核心與衛星的混和投資思維

　　除了依據自己的風險承受度找對應商品之外，我們也可用核心與衛星的投資方式。假設我是比較穩健保守的投資人，對金融市場沒有這麼熟悉，也比較沒有時間看盤，那麼

七成以上的核心部位資金可選擇追蹤大盤指數的 ETF，有餘裕時再買台股基金或個股；相反的，如果我有時間看盤，風險承受度也比較高，主要核心部位就可以是自己買個股搭配台股基金，放三～四成左右的資金在衛星部位，適時買一些ETF。

混合式投資思維

穩健保守型投資人		積極型投資人	
核心部位資金	衛星部位資金	核心部位資金	衛星部位資金
ETF	基金 個股	基金 個股	ETF

放大格局以投資資產配置的角度布局，等於兼顧主動出擊、被動追蹤指數，有進攻也兼具防守。

不過要特別提醒讀者朋友，這裡所說追蹤大盤的 ETF 並非是近來很流行的主題型 ETF，關於 ETF 分類，我們下一章節再和大家詳細說明。

Part 2
穩扎穩打，ETF 投資術

2-1

ETF 市場蝦咪款？

　　股神巴菲特曾說：「專業人的投資要高度集中，但普通人的投資應該要高度分散。」在投資理財的初期，對理財相關知識、操作技術還沒那麼專精，選擇一次投資一群公司的ETF，確實較能避開選錯股票踩地雷的風險。而且ETF股價通常不高，平均一張一萬五千元到五萬元左右，是普通人負擔得起的金額。

　　不要說是一般人了，我曾和一位台灣登記在案僅約千人、擁有美國特許財務分析師CFA燙金證照的分析師聊天，他當然懂得如何找飆股，但他說真正敢押身家重金投資的還是只有ETF。

　　難怪這幾年ETF投資風氣很盛，幾乎每個月都有一檔新的ETF上市，講解ETF的Youtube影片總能登上熱門影片排行。算一算市場裡至少已經有二百多檔ETF，眼花撩亂之餘，

到底該怎麼選擇呢？大家不妨先問問自己：「買 ETF 的目的是什麼？」是爲了存股長期投資？還是想賺波段價差？

我把 ETF 依據投資目的分爲「**存股**」、「**存股 + 波段**」、「**波段**」三大類型，再分爲「**市值型**」、「**投資風格**」、「**固定收益**」、「**全球地域性**」、「**主題型**」、「**特殊型**」六大主題。請大家把三大類型六大主題放在腦海中，每看到一檔 ETF，就練習把它丟進表格中，找到對應的位置，比較容易評估適不適合自己。

ETF 市場蝦咪款

存股	市值型	台灣 50、中型 100	0050（元大台灣 50）、006208（富邦台 50）……
	投資風格	高股息、低波動、ESG	0056（元大台灣高股息）、00900（富邦特選高股息）……
	固定收益	美國債券、投資等級債、REITs	00740B（富邦全球投等債）、00712（FH 富時不動產）……
存股 + 波段	全球地域性	成熟市場（美、歐、日）、新興市場（中、印、越）	00646（元大 S&P500）、00885（富邦越南）……
波段	主題型	5G、AI、電動車、半導體、綠能、免疫生技	00891（中信關鍵半導體）、00881（國泰台灣 5G+）……
	特殊型	大宗商品期貨、反向型、二倍槓桿	00715L（期街口布蘭特油正 2）、00632R（元大台灣 50 反 1）……

台股裡最老字號的 ETF 是二○○三年上市的 0050（元大台灣 50），它是標準的「**市值型**」ETF，也是 ETF 最原始被動

投資的本意。0050 一次投資台股裡市值最大的五十家公司，這五十家公司的股價漲跌幾乎等於台股整體大盤指數會漲還是會跌；而 0051（元大中型 100）則是把五十大市值公司之外的第五十一名到第一百五十名的公司集中起來的 ETF。

　　這類市值型 ETF 基本上貼著股市大盤走，既然如此，它的報酬率當然也「貼近市場指數」，在多頭市場，它沒辦法透過選股吃到比大盤更多、更高的甜頭。但這類 ETF 最能讓人安心買，當股災來臨、市場震盪較大時，台股一天跌三百點、四百點時，雖說大家都知道「別人恐懼時，我們要貪婪」的投資名言，但這個時刻是否真的買得下去，就很考驗人性了，這時候市值型 ETF 絕對可以優先買進，屬於相對穩健的標的。

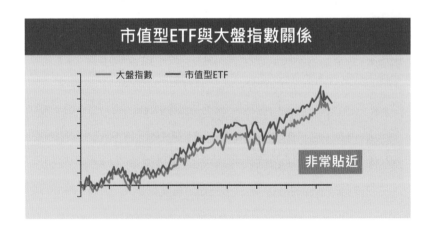

投資風格：高股息、低波動這類投資風格的 ETF 是上班族、莱藍族特別喜愛的投資標的，以元老級的 0056（元大高股息）來說，每年平均 5% 左右的殖利率，比銀行不到 1% 的利息好太多，因此我把高股息 ETF 歸類在適合存股的類型。

　　除了高股息 ETF 會配息，台股裡還有一群**固定收益 ETF**，這類 ETF 在台股 ETF 市場裡占滿大的比重，只是多數成交量都不大。這類 ETF 投資標的不是股票而是債券[8]。借錢都要付利息，擁有債券的投資人每年都能領到利息，這類固定收益型 ETF 從股票、債券資產配置的角度來說，是可以善加運用的好工具。

　　再來，適合存股也適合波段操作的類型，我把**全球地域型 ETF** 放在這一類。身為台灣的股票投資人，我們真的滿幸福的！你們知道嗎？台灣是全球少數每天都會公布三大法人當日買超、賣超金額和標的的市場；其他國家或地區大多每一季才公布一次財報，台灣的上市和上櫃公司卻被要求每個月都要公布營收資訊；而且近來投信 ETF 發行愈來愈全面，連結國外指數的 ETF 也愈來愈多。

　　例如，美國三大指數中，道瓊工業指數對應的有 00668（國泰美國道瓊），S&P500 指數有 00646（元大 S&P500），

---

[8] 政府或企業需要現金時會發行債券，類似借據，和投資人約定好利息、到期時間和返還金額。

那斯達克指數有 00662（富邦 NASDAQ），想投資日本股市有 00661（元大日經 225），歐洲有 00660（元大歐洲 50）可選擇，這些都可以提供我們靈活操作資金。美股相關 ETF 也有配息，因此我認為這類 ETF 可歸在既能存股也能做波段的類型。

用ETF投資全世界

中國		美國		其他	
0061	（元大寶滬深）	00646	（元大S&P500）	00645	（富邦日本）
006205	（富邦上證）	00662	（富邦NASDAQ）	00652	（富邦印度）
006206	（元大上證50）	00668	（國泰美國道瓊）	00657	（國泰日經225）
006207	（FH滬深）	00830	（國泰費城半導體）	00660	（元大歐洲50）
00636	（國泰中國A50）			00661	（元大日經225）
00639	（富邦深100）			00709	（富邦歐洲）
00643	（群益深證中小）			00885	（富邦越南）
00739	（元大MSCI A股）				
00752	（中信中國50）				
00783	（富邦中證500）				

*陸股 ETF 僅列出單日平均成交量二百張以上的標的。
資料來源：證交所。

　　相對於存股長期持有，我認為**主題型** ETF 和**槓桿型** ETF 比較適合做短線波段投資。主題型 ETF 是近年基金公司的主戰場，從 5G、AI、半導體、電動車、綠能、電池、免疫生技等。主題型 ETF 和追蹤大盤的原意不太一樣，比較類似經理人選股的主動型基金，在某一個大趨勢主題下選股。

主題型 ETF 當市場輪動到這個產業時，波段漲幅會很可觀，但若資金不聚焦在這塊領域時，也可能休息較久。

不過，我覺得主題型 ETF 最需要注意的是：通常市場上哪個產業正夯，基金公司就會募集這個主題的 ETF，由於法規規定新 ETF 募集完必須立刻進場買股，但通常熱度上的主題，對應公司的股價常在相對高點，基金公司這時買進，容易買在相對高檔；當話題熱度稍稍減退時，ETF 回檔起來的速度就很驚人，有不少例子都直接跌破當初掛牌的發行價。所以，我把主題型 ETF 放在適合做波段價差的類型中，不建議長期存股。

最後，**特殊型** ETF 可分為二種，一種是加了槓桿的 ETF，一種是大宗商品期貨 ETF。從槓桿說起，二倍槓桿 ETF 就是當指數漲 1% 時，二倍槓桿的 ETF 會漲 2%，優點是只要趨勢抓對，操作得宜，可以擴大利潤。

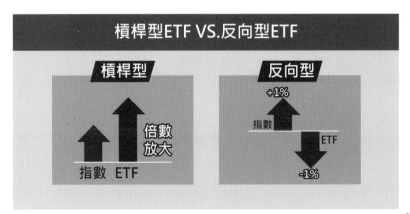

反向型 ETF 則是當台股下跌時，如：00632R（元大台灣 50 反 1）就會漲，它和大盤走勢相反，大盤漲它跌，大盤跌它漲。每當台股大跌時，都可以看到外資法人大買反向型 ETF，為什麼呢？因為假設手上標的來不及賣，或者不想賣，但股票賠錢了，部位虧損受傷了，這時透過買進反向型 ETF，賺的錢剛好可以彌補其他標的的虧損，是應對盤勢很好用的工具。不過既然它是增加自己面對行情操作的靈活度，這類 ETF 當然就不適合長期持有，僅適合順著行情波段短期操作。

最後，追蹤大宗商品期貨的 ETF，例如：00635U（期元大 S&P 黃金）、00642U（期元大 S&P 石油）、00693U（期街口 S&P 黃豆）。有沒有發現這些 ETF 前頭都加了一個「期」字。一般 ETF 經理人追蹤指數是買股票，但這類大宗商品的 ETF 買的是「期貨」。期貨和股票不同，股票你愛擺多久就擺多久，但只要是期貨，合約都會有「到期日」，細節後面章節再細談，總之這類大宗商品 ETF 因為有轉倉成本的關係，並不適合長期持有，因此歸在波段類型中。

● 這檔ETF可以買嗎？

「芷娟，大家都說新手適合從 ETF 開始，好多人在講越

南 ETF，我買這個可以嗎？」

　　以後你們可以不用再問這個問題了，看到一檔 ETF 不知道該不該買，腦子裡趕快叫出「存股」、「存股＋波段」、「波段」三大類型，「市值型」、「投資風格」、「固定收益」、「全球地域型」、「主題型」、「特殊型」六大主題。

　　把你想買的 ETF 丟進三大類型六大主題之中，看看它屬於哪一類，了解本質，確認是不是你想要的。如果是剛開始買股票的人，我建議優先從存股類型裡找標的，熟悉市場後，再前進波段類型的 ETF。

2-2

相似主題 ETF 一籮筐，
如何選擇？

　　日常想放空時，我會追劇，從前幾年的《三十而已》到後來的《三十九》，劇名隨著本身年齡增長，與時俱進地增加了幾歲。這些劇都是從女性視角出發，刻劃三個女生友情、愛情、工作的故事，扎心的台詞，每一個畫面都好像我們人生的縮影。有一幕讓我印象特別深刻，母胎單身、年近四十歲都沒有正式交過男朋友的閨蜜，突然神神祕祕地講手機時，一旁友人全都湊著緊貼上去，好奇心爆棚，閨蜜電話一掛，「怎麼認識的？」、「幾歲？」、「在做什麼？」、「交往多久了？」姊妹們瘋狂連珠炮式提問。

　　身邊友人交男、女朋友時，這些提問似乎都是直覺反應，不外乎希望了解這個人的「背景」。那麼，大家有沒有想過，

想認識一檔 ETF，我們該了解哪些背景呢？

● 認識ETF也有SOP

職場上，我們常聽到 SOP「標準作業流程」，源自於工業革命時代，當時許多製造業生產規模不斷擴大，分工愈來愈細，爲了加速管理和生產順暢度，不想再用過去口耳相傳的教導方式，於是將所有的步驟系統化、紙本化，變成可隨時翻閱的參考指南。

類似的方式可套用在 ETF 上，現在 ETF 花樣愈來愈多，分類愈來愈細，投資範圍愈來愈廣，想認識一檔 ETF，我們該有哪些 SOP？我認爲分別是：**投資區域 / 類型 → 追蹤指數選股邏輯 / 報酬率 → 前五大成分股 → 指數產業分布 → 費用率。**

我們把「00895（富邦未來車）」這檔 ETF 套用到這套 SOP 裡來舉例說明。

持股區域 / 類型：要認識一檔 ETF，一定要先知道它投資哪裡，只有買台股嗎？還是投資美國股市？還是買全球公司？是買股票嗎？還是買期貨？以 00895 來說，這是一檔投資全世界的股票型 ETF，也就是說它投資台灣公司，也投資美國企業，也可能買進日本公司。

追蹤指數選股邏輯 / 報酬率：接著第二步，我們要知道

它追蹤的指數是什麼？選股邏輯是什麼？近期報酬率表現如何？以 00895 來說，它追蹤 MSCI ACWI IMI 精選未來車 30指數，這指數選股邏輯除了「電動車」，還把「自動駕駛」乃至於「共享經濟」等和未來汽車產業相關的產業全都納入；二○二一年上半年漲幅約 15%。

前五大成分股：知道了它將未來汽車產業一把抓之後，認識一檔 ETF 還有最重要的一項是一定要知道它實際投資誰？也就是主要成分股有哪些？ 00895 第一大成分股是電動車大廠特斯拉，再來是和自動駕駛領域相關的半導體公司台積電和 Nvidia 輝達，還納入了傳統車廠豐田汽車、通用汽車。

接著看指數產業分布：發現它以自駕車產業占 40% 最多，再來是車廠，其中分別為新創電動車廠和傳統車廠，接著才是汽車零組件。

說到這個步驟，你應該對這檔 ETF 有基礎概念了，這時可以開始加入一些自己的投資判斷。比如我會解讀：隨著全球各國禁售燃油車的時間愈來愈明確，毫無疑問，電動車有望快速成長，然而電動車絕對不只有特斯拉會做，汽車是個百年產業，被特斯拉打趴的傳統車廠，如 Volkswagen 福斯汽車、GM 通用汽車，乃至於 Toyota 豐田汽車等，經歷轉型撞牆期之後，在追逐特斯拉的腳步上，不會比較差，不管是砸錢研發或企圖心都不容輕忽，所以這檔有投資新創電動車廠

也有投資傳統車廠的 ETF，和我的投資想法相符。

不過 00895 在電動車電池相關領域的持股比重只有 4%，我覺得有點可惜，畢竟電動車產業裡，40% 以上的成本都在電池，是電動車很關鍵的零組件，未來也許會有愈來愈多車廠加入電動車領域打群架，但電池原料供應商的跨入技術門檻高，公司數量少，電池相關個股股價想像力應該不小，這是我覺得 00895 比較不足的地方。

總而言之，從 ETF 主要成分股和成分股產業分布，搭配自己的投資想法，就能判斷這檔 ETF 值不值得投資。

最後看**費用率**：分為「經理費」和「管理費」，經理費是基金公司幫我們操作一籃子股票的管理成本；管理費則是支付給保管資金銀行的成本。這部分費用當然是愈低愈好。不過費用率是相對的，必須和其他相似主題 ETF 一起比較，才能知道費用是高還是低。

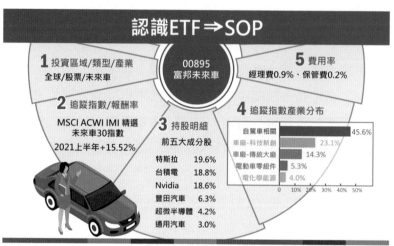

認識ETF⇒SOP

1 投資區域/類型/產業
全球/股票/未來車

00895
富邦未來車

5 費用率
經理費0.9%、保管費0.2%

2 追蹤指數/報酬率
MSCI ACWI IMI 精選
未來車30指數
2021上半年+15.52%

3 持股明細
前五大成分股

特斯拉	19.6%
台積電	18.8%
Nvidia	18.6%
豐田汽車	6.3%
超微半導體	4.2%
通用汽車	3.0%

4 追蹤指數產業分布

自駕車相關	45.6%
車廠-科技新創	23.1%
車廠-傳統大廠	14.3%
電動車零組件	5.3%
電化學能源	4.0%

* 投資比重將隨時間變動。
資料來源：Bloomberg、富邦投信整理。（截至二〇二一年六月三十日）

　　你可能會問，我要怎麼知道這些資訊呢？證交所網站上，「產品與服務」欄位中點選 ETF，每檔 ETF 大致細節都會在上頭。但若想快速知道 ETF 的持股明細和產業分布，我推薦大家加入「微股力」的官方 Line 帳號，只要在 Line 對話框裡輸入「P 股號」例如：「P00878」，就會自動回傳這檔 ETF 最新的成分股和產業分布，非常方便。

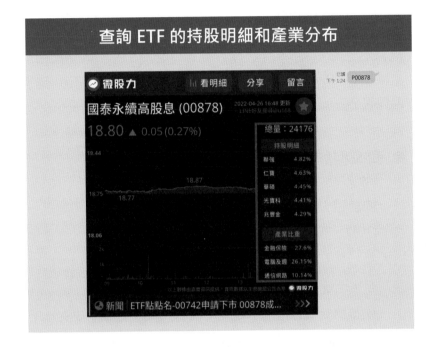

● 相似主題ETF一籮筐，該如何選擇？

　　認識完一檔 ETF 還不夠，當類似主題 ETF 超過一檔時，我們又該選誰呢？例如：二〇二二年一開春，美國聯準會準備升息，市場擔憂資金行情告終，科技股率先回檔，接著俄羅斯出兵烏克蘭，任誰都想不到二十一世紀還會有戰爭，全球股市再一次重摔，以科技類股為主的美國那斯達克指數，從波段高點在四個月跌了 21%，墜入空頭熊市。

跌多了當然會有人想伺機進場，不少網友問我：「想趁美股下跌，開始定期定額布局美國科技相關 ETF，但相關 ETF 有富邦 NASDAQ、統一尖牙股、國泰費城半導體等，該如何選擇呢？」

● 同類型ETF買誰？唯量是問

關於這一題，我的答案是「唯量是問」。決定要不要買一檔 ETF 前，我的第一步會先去看它每天平均成交量，有量才有人氣，有人氣的 ETF 不只流動性佳，ETF 可能碰到的折溢價問題也比較容易解決。

我認為一檔合格的 ETF，平均每天成交量至少要有一千張以上。以表格中列出美國科技股的四檔 ETF 來說，日均量少於一千張的 00762（元大全球 AI）我會優先剔除。

接著會綜合比較最近一個月績效和前五大成分股。其中 00757（統一尖牙股）近一個月表現跌幅最重，再看它的成分股就不難理解，當中持有二檔在美國掛牌的中概股百度和阿里巴巴，當時中國政府持續監管打壓在外掛牌的科技公司，導致在香港和美國各交易所上市的中國科技股紛紛重挫。這個時空背景之下，含有中概股的 ETF 我也會優先避開。

如此一來四檔 ETF 只剩下 00662（富邦 NASDAQ）和

00830（國泰費城半導體），接著可以先比較費用率，不過這二檔 ETF 費用差不多，最後唯一的差別就是成分股了。一個是投資傳統美國大科技公司，蘋果、微軟、亞馬遜等，屬於品牌企業，一個主要投資半導體上游晶片大廠，英特爾、博通、高通等。

　　這時就完全看你自己的投資想法了。如果想穩健地投資美國大型科技股，相信品牌為大，可以選擇 00662。而當時處在美國聯準會準備升息的階段，以過往統計數據，美國正式開始升息後，費城半導體指數漲幅往往更勝於那斯達克指數，在這個前提之下，風險承受度較高的人也可以選擇 00830。

美國科技股票 ETF

	富邦 NASDAQ 00662	統一尖牙股 00757	國泰費城半導體 00830	元大全球 AI 00762
日均量	1,065 張	2,111 張	1.2 萬張	843 張
績效	-5.8%	-13%	-7.1%	-8.7%
費用率	管理費 0.3% 保管費 0.21%	管理費 0.85% 保管費 0.18%	管理費 0.4% 保管費 0.1%	管理費 0.9% 保管費 0.26%
前五大成分股	蘋果 11% 微軟 10% 亞馬遜 6% Facebook 4.7% 特斯拉 4.2%	百度 11% 特斯拉 10.8% 蘋果 10% 阿里巴巴 10% 微軟 9.9%	英特爾 9% 博通 8.9% 高通 8% 超微 6% 輝達 6%	英特爾 9% Facebook 8% Google 7.8% 輝達 6.7% Digital Realty 4.7%
配息方式	不配息	不配息	年配	不配息

* 日均量、績效統計時間為二〇二二年二月十五日至三月十五日。

我們再用同樣的流程來思考「半導體」主題相關 ETF：00881（國泰台灣 5G+）、00891（中信關鍵半導體）、00892（富邦台灣半導體）。

首要篩選條件還是唯量是問，這三檔 ETF 每天平均成交量都破萬張，人氣很足沒有問題，費用率也完全相同，沒什麼好比的，配息方式分為半年配和季配，以最近一次配息來看，都在 0.58 元到 0.59 元之間，差別不大，如此一來就只剩下主要成分股和我們的投資想法了。

這三檔 ETF 前二大成分股都是台積電和聯發科，其中 00881 和 00891 光是前二大成分股比重就占 40% 上下，也就是說，ETF 將隨著台積電和聯發科股價上天堂或入冷宮，而這二檔個股又很看外資臉色。另一檔 00892 除了台積電占 25% 將近四分之一權重之外，其餘成分股比重則平均落在 6% ～ 7% 左右。

如果你是比較喜歡跟著台積電、聯發科的投資人，就可優先選擇 00881 或 00891，當條件差不多時，我會優先選成交量較大的 ETF。如果你不喜歡太單押一、二檔個股的 ETF，就可優先選 00892。

	國泰台灣 5G+ 00881	中信關鍵半導體 00891	富邦台灣半導體 00892
日均量	4 萬張	2.9 萬張	1.1 萬張
績效	-8.7%	-12%	-9.9%
費用率	管理費 0.4% 保管費 0.035%	管理費 0.4% 保管費 0.035%	管理費 0.4% 保管費 0.035%
前五大成分股	台積電 29% 聯發科 13.5% 鴻海 10.7% 聯電 5% 台達電 4.3%	聯發科 20% 台積電 19% 聯電 10% 日月光 5.5% 矽力 -KY 5%	台積電 24.6% 聯發科 7.4% 聯詠 6.8% 譜瑞 -KY 6% 瑞昱 5.7%
配息方式	半年配	季配	半年配
近半年配息金額	0.59 元	0.3 元 + 0.29 元 = 0.59 元	0.58 元

半導體相關 ETF

* 日均量、績效統計時間為二〇二二年二月十五日至三月十五日。配息方式統計為二〇二二年三月回推半年。

　　透過二次練習帶大家一起思考如何分析選擇 ETF，背景大環境的思考方式會隨著時間和政經局勢而改變，不同時期看這本書，不一定能完全套用。但仍然希望大家懂得背後思考的邏輯方式，不直接給你一條魚，而是希望教了釣魚技巧之後，大家都能練習分析 ETF，找到符合自己投資想法的好商品。

2-3

就愛高股息 ETF

買進一張股票的理由可能千奇百怪，例如，我當初買
00850（元大台灣 ESG 永續）的理由就很無厘頭 ——「因為上
班不開心！」真的沒開玩笑，這些年在許多投資達人的推廣
下，上班族存 0056（元大高股息）的風氣很盛，許多人都夢
想有一天當股息收入大於上班薪水時，就能擁有隨時帥氣辭
職走人的勇氣，多麼吸引人啊！

然而，當市場上愈來愈多人追捧 0056 後，它的股價隨著
大盤持續走高，二〇一九年時來到二十七元，當時「ESG 概念」
剛吹進 ETF 市場，元大投信以二十元掛牌台股第一檔 ESG
主題 ETF：00850，以成分股來看，有點像便宜版的 0056。

我在這個貪圖「便宜」的背景因素之下，每當上班不開心
時，就打開券商的 App 下單買一張 00850，畢竟每張二萬元
的股款尚在我可以負擔的範圍，對忙碌的上班族來說，下單

的瞬間彷彿爲不開心的情緒找到了出口，買一個可以早日離開職場的機會，比起胡亂買奢侈品，這個舒壓的購物方式似乎機智多了。而這樣沒什麼基本面根據的買進理由，也讓我意外在 00850 掛牌之初，累積了一些張數。

台灣投資人眞的很幸福，彭博（Bloomberg）統計，美國股市平均殖利率是 3.7%，而亞洲國家中，韓國約 2.4%、中國 2.3%、日本 2.2%，台灣則有 4.2%，用傲視全球來形容絕對沒問題。

還記得前面提到荷蘭東印度公司創造出股票的概念嗎？股東拿錢投資公司買機器、請員工，公司有賺錢，每年就會把賺來的錢分潤給股東。假設我用五萬元投資公司，公司分潤二千元給我，二千元除以五萬元等於 4%，這就是「殖利率」，把領到的股息除以買進時的股價，你也可以想成是定存領利息的概念。

把錢存在股票市場裡，平均每年可以領 4.2% 的股息，如果你有五百萬元的股票，一年可以領到約二十一萬元股息，平均一個月有一萬七千五百元，再加上勞保、勞退，退休生活基本開銷大概就沒問題了。

當一間優質穩定公司的股東，讓學歷和經歷都比我們更優秀的經營團隊來幫我們賺錢，每年領著它經營成果的股息，這是理財達人常說的「存股」，確實是非常不錯的投資理財方

式。這也是爲什麼高股息、高殖利率幾個字總是股票族的心頭肉，若不會選個股，選高股息 ETF 當然也可以。

目前台股市場裡高人氣的高股息 ETF 主要有 0056（元大高股息）、00701（國泰股利精選 30）、00878（國泰永續高股息）、00900（富邦特選高股息）等。

正式介紹它們的差異之前，先和大家溝通一個觀念：公司有分二種，一種是新興事業，許多新創科技公司就屬於這一類，這種成長型企業還在起步階段，它們通常會把賺來的錢繼續投資本業，不會發太多股息給股東，因爲還在積極追求公司的發展，雖然股息發得不多，但成長中的事業體，它們的股價爆發性特別值得期待；另一種能穩健配出高股息的公司，共同點是企業營運模式已經非常成熟，有一套穩定的賺錢方式能夠穩定配息，但股價多半不太會有大幅飆漲的空間。

如果今天我們選擇投資高股息 ETF，重點就應該擺在「穩定領股息」這件事情上，股價如果有價差，頂多是附加價值，並非我們首要考量的事情。投資最忌諱的是買了高股息 ETF 明明是想領股息，但看到隔壁同事幸運地買到一支翻倍飆股，又把預計要領息的股票賣掉追買個股，到頭來可能兩頭落空。

高股息 ETF 比一比

	元大高股息 0056	國泰股利精選 30 00701	國泰永續高股息 00878	富邦特選高股息 00900
掛牌時間	2007.12	2017.08	2020.07	2021.12
選股方式	**預測未來一年** 殖利率	**過去平均**殖利 率、波動低	**過去三年平均**殖 利率、符合 ESG 評鑑	**當下**殖利率
配息頻率	年配	半年配	季配	季配
2021 年股利	1.8 元	0.98 元	0.98 元	-
2021 年殖利率	5.4%	4%	5.4%	-
填息天數	12 天	7 天 /29 天	17 天 /12 天 /1 天 /1 天	-
2021 年總費用率	0.74%	0.75%	0.57%	-

* 資料統計至二〇二二年二月二十八日，00900 富邦特選高股息截稿前上市未滿一年，故無統計
數據。殖利率以二〇二一年平均收盤價為基準。

* 總費用率為經理費＋保管費＋手續費等內扣成本費。

● 四檔人氣高股息ETF差別在哪裡？

一、了解選股邏輯

　　目前四檔高股息 ETF 選股邏輯大概和英文文法一樣，分為「現在進行式、過去式、未來式」。最早掛牌的 0056 是用「預測」的方式，從台股前一百五十大市值公司中，由經理人預測未來一年殖利率最高的三十家公司買進。而國泰二檔高股息 ETF 的 00701 和 00878 則是選「過去」平均殖利率高

的三十間公司，一個是殖利率高加上股價低波動，一個是殖利率高加上符合 ESG 評鑑。雖說過去表現不代表未來，但每次段考都考前三名的學生，下次考試理應不會考得太差才對。

最後，00900 則是以「當下」殖利率最高的三十間公司為選股條件，它的操作方式很有趣，每年會調整成分股三次，由於每間公司配息時間不太一樣，因此 00900 會買進當下宣布股息最高的三十間公司，領完它們的股息後就賣掉，再去買進下一批即將要配息且股息最高的三十家公司，領完它們的股息後再賣掉，就這樣把台股裡股息高的公司股息都領過一回。

00900 這檔 ETF 創新的設計手法，二〇二一年底推出後廣受討論，批評的人認為如此頻繁換股，手續費等雜費內扣成本很高，同時可能碰上領了股息但股價還沒填息就賣掉，股息只是左邊口袋進到右邊口袋。不過這檔 ETF 在截稿前尚無實際配息紀錄，所以我先抱持中性觀望的態度。

我自己挑選高股息 ETF 的邏輯和挑一般主題型 ETF 很不一樣，我不太會去細細比較它的成分股，因為老實說，台灣股息穩定配發的公司大概就那幾家，ETF 挑來挑去成分股差異都不會太大。因此挑選高股息 ETF 時，我傾向數字導向，比較過往實際配息金額和總費用率高低。

二、實際配息金額

　　既然是領股息爲目的的 ETF，實際配息金額當然最重要，而且每年配息數字也不能落差太大，只可惜目前除了 0056 之外，台灣高股息相關 ETF 都還很年輕，上市時間頂多二到四年，能不能在不同政經局勢的大環境下每年穩定高配息，尚需時間持續觀察。

　　實際配息金額、平均殖利率、塡息天數這些數據，我會上 goodinfo 網站查詢，我認爲一檔合格的高股息 ETF，平均殖利率要有 5% 以上，平均塡息天數要在二個月以內。目前人氣四檔高股息 ETF 中，0056 和 00878 的殖利率皆符合條件。

三、總費用率

　　高股息 ETF 大 PK 中，我一定會比較的項目還有「總費用率」。所謂總費用率除了投信公司幫我們操作的管理成本「管理費」和銀行保管成本「保管費」之外，經理人進出市場買賣股票，同樣需要繳交證交稅給政府、繳交手續費給劵商，頻繁換股的 ETF 這個部分的費用就會比較高。另外，追蹤指數有時也要付授權費給指數公司，把這些零零總總的費用全部加起來才是眞正的「總費用率」。

　　這些費用不會眞的要投資人掏錢出來支付，所以我們常

常不自覺，但它卻會直接吃掉我們的 ETF 淨值。如果打算長期持有 ETF，這檔 ETF 的「總費用率」絕對愈低愈好。這個數據在投信投顧公會網站上可以查到，目前四檔高股息 ETF 中，以 00878 的總費用率 0.57% 最低。

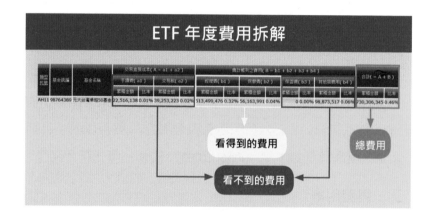

● 我最愛的高股息 ETF＝高股息＋ESG

除了高股息 ETF 之外，市場上還有一群標榜「高股息加低波動」的 ETF，如：00713（元大台灣高息低波）、00731（FH 富時高息低波），選股理念也不錯，是殖利率高，股價波動又低的個股，面對大環境波動大時，這類 ETF 有股息賺，股價又抗跌，多麼吸引人呀！不過這類 ETF 的總費用率，例如 00713 和 00731 分別為 1.11% 和 2.6%，和一般高股息 ETF 小

於 1% 的數據相比高出許多，因此我暫不考慮。

	高息低波 ETF		
	國泰股利精選 30 00701	元大台灣高息低波 00713	FH 富時高息低波 00731
掛牌時間	2017.08	2017.09	2018.04
2021 年股利	0.98 元	2.15 元	2.89 元
2021 年殖利率	4%	6%	5.59%
2021 年總費用率	0.75% （經理費 + 保管費： 0.34%/ 其他：0.41%)	1.11% （經理費 + 保管費： 0.36%/ 其他：0.75%)	2.6% （經理費 + 保管費： 0.49%/ 其他：2.11%)

＊ 資料統計至二〇二二年二月二十八日，殖利率以二〇二一年平均收盤價為基準。

　　相較之下，我更喜歡的是「高股息加上 ESG 評鑑」的
ETF。所謂 ESG 就是環境、社會和公司治理，這是近來很熱
門，被提倡應該納入選股條件的依據。這類「非會計」的資訊，
過去我以為只是呼喊理想主義罷了，很難被實際量化，但因
為新冠疫情的關係，更讓我們體認 ESG 的重要性。

我們一起來感受一下：當公司受到疫情影響了業績，員工被減了薪水和獎金，但公開資料卻發現，董監事酬勞不減反增，我們做何感想？又或者當生產線員工爆發確診危機，但公司不僅危機處理不佳，甚至以威脅員工生計的口吻要求員工上班，身為勞工想必是非常不舒服的。

當我們每一個小股民都能把 ESG 評鑑納進自己的選股條件之中，讓 ESG 做得好的公司多多被資本市場關注，才能讓企業本身更加重視 ESG，屬於正向循環。

除了投資理念，轉換成數據，以發展最成熟的美國 ESG 主題 ETF 來說，投信公司曾經統計，二〇二〇年新冠疫情最嚴重的第一季，S&P500 指數 ETF 跌了 33%，ESG 主題 ETF

則跌了 26%。是的，大環境不好時，大家都會跌，但 ESG 主題的 ETF 卻能跌得稍微少一些，算是既能賺錢又相對抗震的商品。

　　目前台股中符合 ESG 概念的 ETF 有 00692（富邦公司治理）、00850（元大台灣ESG 永續）、00878（國泰永續高股息）和 00888（永豐台灣 ESG），由於 00888 截稿前掛牌時間未滿一年，數據不全暫不討論，其他三檔 ETF 中，00850 殖利率在二〇二一年僅 3%，低於我的標準，故優先剔除。

ESG 相關高股息 ETF

	富邦公司治理 00692	元大台灣 ESG 永續 00850	國泰永續高股息 00878
掛牌時間	2017.05	2019.08	2020.07
2021 年股利	1.97 元	1.05 元	0.98 元
2021 年殖利率	5.6%	3%	5.4%
2021 年總費用率	0.35%（經理費＋保管費：0.19%，其他：0.16%）	0.46%（經理費＋保管費：0.33%，其他：0.13%）	0.57%（經理費＋保管費：0.28%，其他：0.29%）

* 資料統計至二〇二二年二月二十八日，殖利率以二〇二一年平均收盤價為基準。

● 高股息ETF怎麼存？

說了這麼多，挑選高股息 ETF，我最在乎的是殖利率、總費用率加上 ESG 評鑑，因此目前高股息 ETF 口袋名單為 0056、00692 和 00878。其中 00878 在二○二○年才推出，股價最便宜，一股十八、十九元，一張不到二萬元，和 0056、00692 一張三萬元以上相比，一次出手尚在小資族能輕鬆負擔的範圍，不論是把想買精品包包的購物衝動轉為買 ETF，或是把小孩的壓歲錢拿來存 ETF 都很適合，這也是它目前最大的優勢。

至於怎麼存？最簡單方法是定期定額，不用特別考慮買進時機，不過對我來說，這類以存股為目的的 ETF，殖利率要高，還記得公式嗎？「股息／股價」。假設股息都不變，想拿到比較高的殖利率，重點在分母，也就是股價要愈低愈好。

我們怎麼知道股價什麼時候算低？我以技術分析裡的 240 日 MA 均線（也就是「年線」）做為判斷指標。年線概念很簡單，就是這一年內買進這檔股票的投資人的平均持有成本，當股價跌到年線以下，就表示如果現在買進，買的價位會比這一年來買的人都便宜，絕對是跳樓大拍賣的時機，這種時機通常在大環境遇到某個大利空因素時才會出現，一年頂多一次，機會不會太多。

我會等股價跌破年線三天後開始買進，但必須承認這個做法很考驗人性，因為股價要跌破年線，當下的時空背景絕對一片低迷，這種時候要大膽進場買股，除了反人性，也很考驗自己的投資心性，但偏偏這正是存股最好的時機，需要多多練習與等待時機。

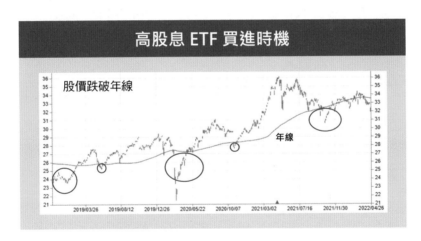

2-4

我的股票怎麼一天跌了20%？

　　印象很深刻，二〇二〇年某一天，我的 LINE 群組傳出了陣陣哀號：「我的股票跌了 30%！」、「我的跌將近 20%，哭哭！」大家很困惑，台股明明有 10% 漲跌幅限制，也就是說一檔股票一天最多最多上漲 10% 就漲停鎖住，不會再漲了；一天最多最多下跌 10% 就跌停鎖住，應該不會再跌了。怎麼會有一檔股票一天就跌 20%，甚至 30% 呢？

　　答案是：ETF！

　　那檔讓我的朋友們悲傷的股票是連結原油期貨的「元大 S&P 原油正 2」和「期元大 S&P 石油」。當時因為 OPEC 產油國與俄羅斯減產協議沒談攏，引爆國際油價大跌 30%，和石油相關的 ETF 也跟著爆跌。這裡不討論油價為什麼大跌，總之要提醒大家，台股裡有一群 ETF 是「沒有漲跌幅限制」的。

　　目前台灣股票市場漲跌幅限制是 10%，但只有連結「國內

股票指數」的 ETF 如：0050（元大台灣 50）、0056（元大高股息）、0052（富邦科技）、00701（國泰股利精選 30）、00692（富邦公司治理）等，買進標的是台灣公司股票的 ETF 漲跌幅才是 10%。如果你買的 ETF 是連結「國外股票指數」或「大宗商品期貨」如：006206（元大上證 50）、00752（中信中國 50）、00662（富邦 NASDAQ）、00885（富邦越南）、00642U（期元大 S&P 石油）等，以及近來很多投資國外股票的主題型 ETF，如：00893（國泰智能電動車）、00757（統一 FANG+）、00902（中信電池及儲能）等，這些 ETF 配合國外交易制度，都是沒有漲跌幅限制的，因此有可能讓你一天損失超過 10% 以上。

買進這類無漲跌幅限制的 ETF，一定要有適時停損的風險意識，下單時不論是買進或賣出，盡量不要用「市價單」委託，因為它們沒有漲跌幅限制，若在價格波動劇烈時刻下市價單，你會買賣到多少價位幾乎不可控制。所以，我建議大家用「限定價格」掛單買賣比較安全。

● 還在長抱原油ETF？「轉倉成本」要注意！

說到「期街口布蘭特原油正 2」和「期元大 S&P 石油」，這類大宗商品相關的 ETF，我把它們歸類在適合做波段的特殊

型 ETF 中，不適合長期持有。原因在於它們持有的標的不是股票，而是「期貨」合約。

這類 ETF 很好辨認，ETF 名稱前都加入了一個「期」字，例如：00642U（期元大 S&P 石油）、00693U（期街口 S&P 黃豆）、00635U（期元大 S&P 黃金），這些投資期貨的 ETF，若長期持有，收益很容易被「轉倉成本」吃掉。

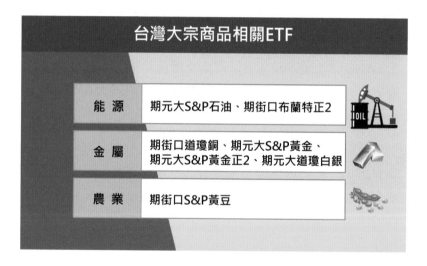

期貨是一種未來的合約，源自於農產品交易市場，比如種黃豆的農夫常常擔心黃豆萬一大豐收，市場價格會跌很多，努力種植的辛苦付諸流水；而需要收購黃豆的業者也擔心如果收成時黃豆價格漲太多，會嚴重影響他們的經營成本。因

此農夫和業者會事先約定好一個買賣價格「契約」，這就是期貨的由來。

　　一旦講到期貨就會有「轉倉成本」，期貨和一般股票不同，股票你愛擺多久就擺多久，但只要是期貨，契約都會有「到期日」。實務上有三種轉倉方式，我們用最簡單的狀況來說明：例如我們持有一月期貨合約到期後，如果想繼續持有到二月，就必須要「賣掉一月合約，買進二月合約」，而轉換合約之間的價差，就是「轉倉成本」。

　　在真實的期貨市場中，通常比較遠月分的期貨價格，會比近月分的期貨價格「高」。例如：布蘭特原油一月期貨合約是二十元，二月期貨合約可能就是二十二元，每個月轉倉的期貨價差，一般來說少則2%，多則20%都有可能。也就是說，每個月月底，原油期貨到期前，投資期貨的 ETF 經理人必須賣出手中便宜的近月期貨合約，買進下個月比較貴的期貨合約，「低賣、高買」，這麼一來就會產生價差損失，長期累積下來，金額可就不小了，就會吃掉我們的 ETF 淨值，所以這類期貨型 ETF 抱愈久風險愈高，付出的無形成本也愈多，建議大家以一到二週波段操作爲主，不適合長期持有。

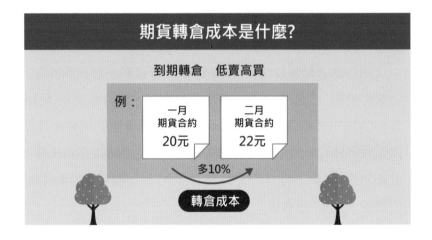

● 槓桿型和反向型ETF和你想的不一樣

　　特殊型 ETF 裡，除了追蹤期貨的 ETF，還有一群槓桿型和反向型的 ETF，這類 ETF 是當指數漲 1% 時，二倍槓桿的 ETF 就會漲 2%，相對的反向型 ETF 就會跌 1%。能讓投資人放大利潤，靈活應對盤勢。

　　然而，還有一個沒提到的細節，ETF 槓桿是每天「單日」計算的，也就是說，假設二星期十個交易日中，指數漲漲跌跌漲漲跌跌，最終小漲 1%，二倍槓桿的 ETF「並不會」漲 2%，因為槓桿型、反向型 ETF 是以追蹤指數「單日」正向二倍或反向一倍報酬率表現，只有指數一路上漲或一路下跌累積報酬才會剛好是二倍或反向一倍表現。若是漲漲跌跌的狀況，長

期下來，槓桿和反向 ETF 累積報酬率非常容易偏離指數累積報酬的正向二倍或反向一倍表現。

因此，我認為特殊型 ETF 只適合於**行情走勢明顯時短期交易**。所謂的行情趨勢明顯，例如：二〇二二年二月二十四日，俄烏戰爭爆發，戰爭自古來都是能讓石油價格噴漲的誘發因素，無一例外。因此當戰爭一開打，追蹤石油的 ETF 就是可操作的標的，此時甚至可考慮買進正向二倍的 ETF 來擴大收益。

不過，這類特殊型 ETF 風險也大。印象很深刻，曾有壽險公司因為買進放空台股反向型 ETF 的 00632R（元大台灣 50 反 1）大虧 50%，最終董事長黯然下台。所以，操作這類特殊型 ETF，「停損」一定要做好，我自己是以絕對報酬為標準，若下跌接近 10% 就會停損賣出，操作金額也不會太大，抱持順著盤勢賺點吃喝玩樂基金的心態。

2-5

懶人投資 ETF 只進不出可以嗎？

　　單身或已婚沒有小孩的頂客族會成爲未來社會主流嗎？內政部統計，二〇二二年一月台灣每戶人口只有二‧五九人，再創歷史新低，傳統大家庭逐漸被夫妻加小孩的小家庭模式取代，不少專家認爲，未來單人家戶的比例甚至可能超越父母加未婚子女的家戶，出現黃金交叉，成爲未來社會形態主流。

　　要不要生兒育女，每個人衡量的角度都不一樣，我有個朋友想法挺特別的，他說自己一定要生小孩，因爲他希望自己的財產能有人「繼承」，如果打拚了一輩子買了房子、存了錢，卻沒有孩子繼承，他覺得賺錢很沒有目標。

　　說到財產傳承，有土斯有財，土地、房屋是最常見的財產，傳承股票的人也不少，有朋友媽媽將近三十年前花了不到三萬元買進一張台積電股票，數十年配股下來，已經成長

到將近八張，市值將近五百萬元。同樣的，如果我們長期投資ETF只進不出，想把它傳給第二代，當傳家寶可不可行呢？

● ETF也可能踩雷變壁紙

投資買股票，我們會擔心買到一間經營不善的公司，一旦公司倒閉，股票瞬間變壁紙。相對來說，投資一籃子公司的 ETF 穩健許多，不太可能買進三十家、五十家公司同時踩雷，機率極低。如此一來，ETF 應該永遠能交易不會下市囉？真實數字可能會讓你嚇一跳，事實上，二〇〇三年台灣 ETF 市場開始交易以來，截至二〇二一年中，還是有三十檔股票型 ETF 和三檔期貨型 ETF 下市。

下市是什麼概念？以近期下市的 ETF「元大 S&P 原油正 2」和「富邦 VIX」來舉例，「元大 S&P 原油正 2」下市清算後，投資者可分配到每單位 0.749 元，假設當初用發行價二十元（一張二萬元）買進這檔ETF，最終只能拿回七百四十九元，真的是血本無歸。富邦 VIX 清算後每單位約 1.49 元，只能拿回一千四百九十元。

即使買的是 ETF，能不能當傳家寶，還是有二大關鍵因素：

一、ETF規模太小

ETF 剛成立時，淨值規模最少約二億元到三億元，若操作順利，基金規模理應逐漸升高，或者有愈來愈多投資人申購，基金追加募集，都會讓基金規模愈來愈龐大。但如果一檔 ETF 人氣很低迷，沒什麼人想買，一旦股票型 ETF 淨值規模低於一億元、債券型 ETF 淨值規模低於二億元，資產規模太小，就會被要求下市。

例如：0058（富邦發達）、00767（FH 美國金融股）都是因為長期規模偏低，最終下市。

二、期貨ETF淨值過低

期貨型 ETF 又是另一種狀況，這類 ETF 下市的門檻主要是因為「單位淨值過低」，目前法規規定，最近三十個營業日，平均單位淨值比最初單位淨值跌幅達 90% 時，就必須下市。也就是說，假設 ETF 發行時每單位淨值是二十元，如果近三十日淨值平均值低於二元，一樣得下市。

二○二○年初因為新冠肺炎疫情影響石油需求，加上產油國減產協議破局，導致油價大跌，「元大 S&P 原油正 2」當時就因為平均每單位淨值低於二元，面臨下市命運，當時有超過二萬八千名投資人來不及脫手，最終只能領回清算後打

折打到谷底的淨值。

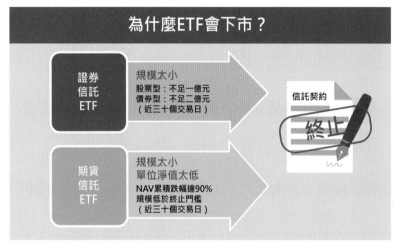

為什麼ETF會下市？

| 證券信託ETF | 規模太小
股票型：不足一億元
債券型：不足二億元
（近三十個交易日） |
| 期貨信託ETF | 規模太小
單位淨值太低
NAV累積跌幅達90%
規模低於終止門檻
（近三十個交易日） |

信託契約

終止

資料來源：台灣證券交易所

● ETF溢價過高風險

　　說到 ETF 淨值，有些人可能覺得困惑，一檔 ETF 在股票市場裡就是一個價格，為什麼還有「淨值」呢？我們簡單用百貨公司週年慶化妝品套組來思考。對女生來說，百貨公司週年慶檔期最重要的就是搶保養品優惠組，精華液一罐原價一千元、眼霜五百元、美白化妝水六百元，把這三件單品結合起來原價是二千一百元，但週年慶期間只要一千五百元就能買到，相當於打了七二折，這是市價。

　　但如果是同樣的三件組商品，用精美包裝袋包裝，標價二千五百元，比分別單購還貴了四百元，卻仍有消費者願意買單，如果我是化妝品專櫃的櫃姊，這時一定會去把這三樣物品分別買齊，自己裝進漂亮包裝盒來賣，從中套利四百元放進自己的口袋。

　　這個觀念可套用到 ETF 淨值和市價的「折溢價」概念裡，0050 是投資五十家公司股票，五十家公司分別有自己的股價，全部加起來可以得到 ETF 的原始價格，稱為「淨值」。而掛牌在股票市場裡的 ETF 股價稱為「市價」，市價理應貼近 ETF 真實「淨值」價格。如果今天市價高於淨值，大戶投資人就可以用淨值向投信公司買進 ETF，隔天再到市場賣出，從中套利放進自己口袋，直到市價和淨值趨於近似。

　　當 ETF 市價大於淨值，就稱為「溢價風險」，不值得投資人去追價購買，因為總有一天它會回到真正該有的價值。這種 ETF 大幅溢價的狀況最容易發生在剛上市的 ETF，例如00885（富邦越南）上市第一天，溢價幅度一度衝破 20%，股價一舉從掛牌的 15 元衝到 18.25 元，但隨後股價連續走跌回到 15.02 元，硬是把溢價全部吐了回去。

　　反之，如果今天 ETF 市價低於淨值，稱為「折價」，就是可以買進的時機，因為預期市價應該有空間漲到淨值價位才是。一般來說 ETF 市價和淨值之間折溢價在 1% ～ 2% 之間

都算正常，若超過 2%，甚至 5% 以上，就會出現套利機會。
折溢價數據，投信公司網站每天都會公告，需要一家一家查
有點麻煩，推薦大家可以下載「台股 ETF 折溢價」App，每天
都會即時整理各家投信公司旗下 ETF 折溢價情形，一目瞭然，
非常方便。

台股 ETF 折溢價查詢

代碼↑	名稱	淨值	市價	折溢價	折溢%
0050	元大台灣50	129.19	129.25	0.06	0.05%
0051	元大中型100	56.86	57.4	0.54	0.95%
0053	元大電子	60.98	60.85	-0.13	-0.21%
0054	元大台商50	29.23	28.86	-0.37	-1.27%
0055	元大MSCI金融	26.44	26.4	-0.04	-0.15%
0056	元大高股息	31.86	31.93	0.07	0.22%
0061	元大寶滬深	18.25	18.57	0.32	1.75%
006201	元大富櫃50	17.79	17.99	0.2	1.12%
006203	元大MSCI台灣	61.75	61.85	0.1	0.16%
006206	元大上證50	30.16	30.71	0.55	1.82%
00631L	元大台灣50正2	120.79	120.6	-0.19	-0.16%

資料來源：台股 ETF 折溢價 App

● ETF一點都不懶人，要對自己負責

諾貝爾經濟學獎得主康納曼（Daniel Kahneman）曾做過一個有趣的研究，他統計一萬個股票帳戶，當投資人把A股賣掉轉買B股換股操作後，意外發現，一年後被賣掉的A股平均表現其實比B股還要好 3%！

「什麼？積極換股操作反而比不換更差！」

康納曼花了七年時間，分析了十六萬筆交易才做出這份統計，統計時間長、數量也多，我相信有一定代表性，不過真的和我們原先的想像有挺大的落差。

這份統計提醒了我們，如果你只是單純想獲得和大盤差不多的報酬，相對於近來很流行的電動車、生技、半導體等主題型 ETF，其實追蹤大盤指數的 ETF 才是應該優先考慮的標的。另外，長期持有很重要，進出次數太多，被動投資反而會變成主動投資，喪失被動投資的本意。

過去我們常把 ETF 和「懶人投資」、「無腦買進」畫上等號，但原則上只適用於市值型和高股息 ETF，近來很紅的主題式 ETF，比較適合會做功課的投資人，必須判斷哪些主題是未來主流，並掌握產業出現轉折或突破點的時機。

所以，到頭來還是回歸 ETF 這章節一開始和大家說的，見到一檔 ETF 先看看它屬於三大類型六大主題中的哪一類。

買 ETF 唯量是問，有人氣的 ETF 比較能免於規模太低或變壁紙的窘境。

　　金融市場裡什麼鬼故事都有，如果真的不會主動選股，持有 ETF 確實不是太笨，尤其遇到系統性風險，全球股市一起下跌時，可以進場買進存股為目的的 ETF，平常用主題型 ETF 波段操作，確實檢視這個主題有沒有如預期逐步發酵。重點是，ETF 真的一點都不懶人，我們還是要多關心自己手上買到的到底是什麼。

Part 3

財富後盾，靠核心持股

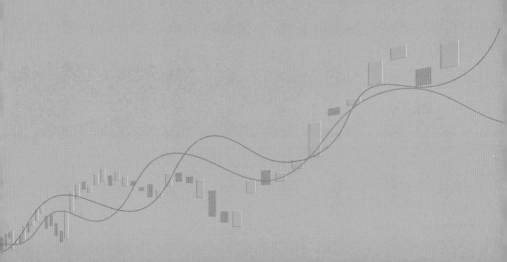

3-1

成年人的安全感，是錢給的

　　農曆春節是親友團聚的日子，聚會時免不了的話題是「年終獎金多少啊？」然而我覺得年終獎金的數字和工作是否認真不一定有絕對關聯，最大的關鍵還是你有沒有在「對的產業」。人力銀行每年都會做一份年終獎金大調查，金融業、科技資訊業的年終總是羨煞旁人，反之，大眾傳播公關業、餐飲服務業、文教業則多半薪情不佳。

　　身為大眾傳播業的一員，每次看到這類調查時，都巴不得回到十八歲那年暑假，重新選填一次大學科系志願，畢竟年少時的決定竟是如此重大地影響自己往後人生的荷包深度。

　　多年前，有次聚餐，媒體圈一位朋友酒後酩酊，帶著泛紅的臉頰說了心裡話：「剛開始工作時，前輩說媒體圈的薪水不高，做這份工作會不敢戀愛和結婚。當時我拍著胸脯帥氣

地回答：『無愛情，毋寧死！』但現在的我卻會說：『沒愛情不會死，但沒錢必死無疑。』」

當一個人的物質生活無法達到滿意狀態時，精神上相對就不敢要求太多。許多年輕人的日子過得焦慮，總是擔心將來錢賺得不夠多，沒辦法過想要的生活，但若能儘早做好理財規劃是可以降低焦慮感的。畢竟，**成年人的安全感，是錢給的**。

說到財務自由，我身邊有二種極端的案例，一種本身是高薪一族，大多是年薪二百萬到四百萬的工程師、業務或外派海外工作的人，他們的薪水高，生活卻極為節儉，物質生活與薪資收入往往不成正比，打算一鼓作氣拚個十幾年就要離開職場。第二種是對投資很有獨門想法的人，可能也曾投資失利、繳交驚人的學費，最終用一筆本金押對了幾檔股票或操作期貨，進而成功翻身的投資奇人。

我自己不是以上二類人的任何一類，我的做法是：**明確估算出退休所需的金額，立定目標後，努力賺、努力存、努力投資，勇往直前往這個數字目標前進**。

我的投資規劃表很簡單，有專門為退休準備的「**核心資產**」，用定期定額存基金和存股打造；「**衛星持股**」則是我發揮證券分析師知識所學，研究熱門話題股，短進短出賺波段快錢。我把衛星持股賺到的錢當作買車子、買包包、出國

旅遊等吃喝玩樂享受物質生活的基金，當操作績效不好時，就會降低物質享受。而工作本業賺的錢，我盡可能存下來，為下一間房子的頭期款努力，或做為核心資產本金。

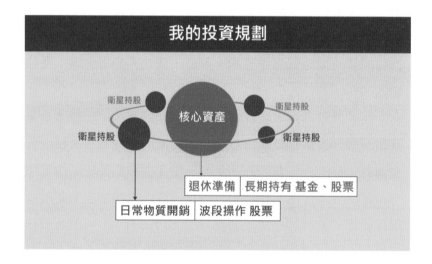

我的投資規劃

衛星持股

核心資產

衛星持股

衛星持股

衛星持股

| 退休準備 | 長期持有 基金、股票 |

| 日常物質開銷 | 波段操作 股票 |

● 退休到底要存多少錢？

說到退休準備，你可能會想：拜託！我才二十、三十多歲，或是只有四十歲初頭，買房的頭期款還沒存到，小孩的教育基金也還沒存夠，退休根本不敢想！但是，捫心自問，你應該也認同「時間複利」是我們最大的本錢，就是因為夠年輕，只要現在開始存退休金，需要投入的成本相對較低。

請大家先建立一個基本概念：退休後的生活費來源不外乎三個：「勞保」、「勞退」和「自己準備」。假設希望退休後每個月能有六萬元生活費可用，那麼，透過勞保、勞退和自己準備這三大財務來源，合計每個月需要湊出六萬元！

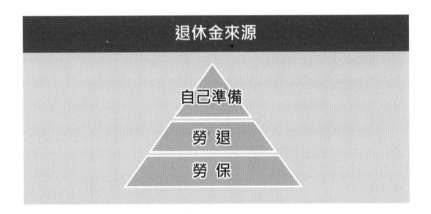

　　勞保老年年金給付一個月可以貢獻多少錢，很容易計算出來，以目前最高薪資級距四萬五千八百元來算，年滿六十五歲退休，退休金不會被打折[9] 公式算一算：一個月大概可支領二萬八千元（28,396 元）。若你的勞保沒有投保到最高薪資級距，下列兩種老年年金給付的計算方式，勞保局會擇優給付。

---

[9] 二〇二六年起，退休年齡調至六十五歲，若在前後五年的範圍內提前或延後支領，年金也會增額或減額。每提前一年按給付金額減給 4%，最多提前減給 20%；每延後一年按給付金額增給 4%，最多增給 20%。

勞保老年年金給付：

一、平均月投保薪資 × 年資 ×0.775% ＋ 3,000

二、平均月投保薪資 × 年資 ×1.55%

以平均月投保薪資為三萬六千三百元舉例，若到六十五歲時，投保年資總計三十年。

公式一：$36,300×30×0.775\% ＋ 3,000 ＝ 11,440$ 元

公式二：$36,300×30×1.55\% ＝ 16,880$ 元

擇優給付，最終每月給付一萬六千八百八十元

再來，第二部分是勞退。你任職的公司每個月會提撥目前薪水的 6% 到「個人退休金專戶」，我們可以自行再提撥 6%。強烈建議，若經濟情況允許，一定要盡量自提，除了從發薪源頭直接把錢扣走有強迫儲蓄的好處之外，個人提撥的勞退金還可以從「個人綜合所得總額」中全數扣除，不用繳稅，薪資愈高的人減稅金額愈有感。

以勞退最高級距的十五萬元來說，若每個月自提 6%，等於一個月自行提撥九千元到勞退專戶，那麼，一年勞退自提的免稅額度可達最高上限的十萬八千元（九千元 × 十二個月）。以所得稅繳納級距 20% 來算，這個自提的動作每年可以幫月薪十五萬的人省下至少二萬一千六百元的所得稅稅金。

雖然薪水較少的年輕人面對節稅的好處可能稍微無感，但是，親愛的，你的薪水會成長啊！你一定會對節稅愈來愈有感覺的。

　　「勞退帳戶」累積的退休金，我們隨時可上勞保局網站查詢，不過這筆退休金到底確切會有多少錢？比較難像勞保年金一樣用公式推算出來，我目前打算把勞退的退休金當作送給自己的退休大禮，退休時會一次提領出來，想買什麼、想去哪裡玩就用它來支應，或者也能當作抗通膨的預備金，所以我個人是不把勞退的錢算進退休規劃裡的。

　　如此一來，退休後每個月想有六萬元生活費，扣掉勞保年金可以給我的二萬八千元，差額還有三萬二千元，就要靠第三塊「自己準備」來支應了。以一個月三萬二千元來計算，不管是許多人愛用的 4% 法則[10]，或者實際用財務計算機算出活到九十五歲，相當於三十年的退休生活和每年 2% 的通膨率，所需的資金大概會落在九百萬元到九百六十萬元左右。

　　我們目前距離九百萬元到九百六十萬元的目標好像有點遠，但不是完全遙不可及，最重要的是，有了數字，至少會

[10] 4% 法則的計算公式：退休後每月所需退休金 × 十二個月 ÷4％＝所需退休金總額。比如以每個月三萬二千元來計算，32,000×12 ＝ 38.4 萬；38.4 萬 ÷4％ ＝ 960 萬元。4% 法則是個讓退休人員估算每年可以從退休帳戶中提領多少錢的經驗法則，由美國麻省理工學院退休財務顧問威廉・班根（William P. Bengen）提出，他認為只要把一筆退休金放入市場投資組合裡（50% 以上投入股票，50% 以下投入債券），一年提領當中的 4% 使用，就能至少提領三十年的退休生活費。

讓我們有執行目標,能多點安全感!

● 利用母子基金投資存退休金

有了目標之後,我們該如何在核心資產裡滾出這個數字金額呢?我是靠存基金和存股票來執行。

基金方面,我每個月定期定額二檔全球平衡型基金,「平衡型基金」顧名思義就是有股票也有債券,市場景氣好的時候,基金經理人會多配置一點股票;當市場行情不好、波動大的時候,經理人就會改持有多一些穩健抗波動的債券,彈性調配股票和債券比例。歷史長期走勢,平衡型基金多半是一路慢慢溫溫地成長,它沒辦法讓我們短期暴富,但至少能穩中求勝,我認為是存退休金很好的金融工具。

再來,每年生日時,我會送自己一份生日禮物,一筆二十五萬元的「母子基金投資法合約」,目前市面上復華投信和群益投信皆有提供母子基金投資系統。它的操作方式很簡單,第一時間用二十五萬元購買一檔「平衡型基金」當作母基金,保守一點的人可以選全球平衡型基金,積極的人可以選台灣或美國單一國家的平衡型基金,接著設定二到三支「股票型」為主負責衝績效的「子基金」。

往後系統每個月會自動從母基金裡扣款三千元、五千元

（自行決定）申購子基金，一旦子基金賺錢了，系統會自動停利，把賺到的錢再丟回母基金裡；相反的，如果市場行情不好，子基金呈現負報酬時，系統也會自動幫我們加倍扣款進子基金，以換取更多單位數，待行情回升時吃甜頭。

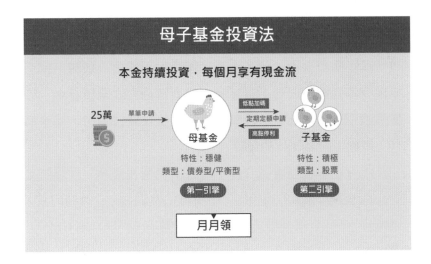

千萬不要小看自動化機制，我們一定有類似經驗，每回想投資時，總覺得價格漲高了，買不下手，最終永遠在場邊觀望；又或者回想疫情剛爆發的二〇二〇年三月，大家搶口罩都來不及了，誰會記得去搶股票？時機總是稍縱即逝，我們都回不去當時重新押上身家。面對存退休金這種長時間累積財富的過程，重點真的不是買到一支飆股，而是找到一套

能長期執行的投資方式。

為什麼一次要二十五萬元？還記得前面提到的定期定額黃金守則嗎？一旦開始定期定額一定要維持至少二年，我多半設定單次扣款金額為五千元，因此五千元 × 二檔子基金 × 二年，大約就是二十五萬元。

不過一次要拿出二十五萬元做一筆母子基金投資法合約也並非小數目，因此建議大家**每當有大額獎金入袋時，就可以做一筆合約**，或者平常先利用**定期定額方式累積基金，等累積到二十五萬元時，再轉做母子基金投資法合約**，這些都是上班族可確實執行的投資方式。

讓母子基金投資法合約在金融市場裡利滾利，當我們真的退休，每個月需要現金時，也不用把整筆基金合約贖回來，以復華投信「金複合投資法」來說，只要啟動「月月領」功能，就能從之前累積的母子基金裡，固定領回你所需的現金，暫時沒用到的錢，就讓它繼續在合約裡滾，想吃雞蛋不用真的殺雞取卵。

我試算過，每年成立一筆二十五萬元的母子基金投資法合約，以 5% 合理投資報酬率計算，紀律執行二十二年，即能存到九百六十萬元退休金。

● 沒有勇氣一搏，人生如何精采？

我們的父母輩在職場工作時，若能進一家大企業上班，宛如捧著鐵飯碗，但那樣的時代可能已經過去了，如今再好的公司都無法保證能一路做到退休，或者我們自己也不想在一間公司熬到退休。現在這個年代，敢於冒險和嘗試挑戰不同事物是很重要的，梵谷曾說：「沒有勇氣一搏，人生如何精采？」

但勇氣從何而來？俗話說：「人是英雄，錢是膽。」我認為把自己的核心資產有計畫、有紀律地準備好，就能給我們足夠的膽識。而這類長期投資部位的準備重點不外乎拉高投資勝率（請注意！是勝率不是報酬率）、不沉迷短線投資策略、選擇長期投資工具、善用科技紀律執行。

3-2

巴菲特遵行的
「價值投資」是什麼？

● 葛拉漢—費雪—巴菲特

買股票，尤其是核心資產的長期投資部位，我們都該試著把自己想像成企業擁有者，不只是買一張會漲或會跌的紙，而是買入企業的一部分。說到長期投資，大家一定要先認識「價值投資」理論。

價值投資理論重點在於投資「市場價格」低於「內在價值」的公司，這和我們平常購物精打細算的概念很相似，買東西時，我們都希望可以用便宜的價格買到優良品質的商品，所以會選在週年慶特價時大肆血拚。換到股票市場裡，價值投資者會運用不同的指標找出經營穩定的好公司，趁股價低

的時候購入。

第一代價值投資者是班傑明・葛拉漢（Benjamin Graham），他生長在美國有史以來最嚴重經濟大蕭條的時期，一九二九年當時股市下跌 90%，失業率飆升 25%。他的投資理論是**找出股價低於內在價值的公司，用低本益比買進業績穩定的大公司，並且長期持有**。

價值投資者 2.0 要認識菲利普・費雪（Philip A. Fisher），他活耀在美國經濟蓬勃發展的年代，所以他的投資方式比葛拉漢更爲大膽，提出「成長型價值投資」一詞，主要致力於找出高增長潛力的公司。

最後，大家都認識的股神華倫・巴菲特（Warren Edward Buffett），他生長在美國文化輸出全世界的年代，姑且稱作價值投資派 3.0，他融合了葛拉漢和費雪的精髓，投資方式從以「便宜價格」買進「普通企業」，轉變爲以「**普通價格**」買進「**優秀企業**」。而巴菲特也對優秀企業做出定義，提出企業的「護城河理論」。

簡單來說，當企業有某些強大競爭優勢時，就能夠幫助公司防禦競爭對手攻擊，如同護城河能保護城堡一般。巴菲特用這套理論，特別偏愛可口可樂和金融類股。這條護城河包含哪些條件呢？分別是**無形資產、客戶轉換成本、網絡效應和成本優勢**。

首先，所謂的「無形資產」，就是企業已經建立「品牌」，比如蘋果、可口可樂、NIKE 等這類我們喊得出品牌名字，甚至會為了它的 LOGO 而購買商品的企業。無形資產也包含擁有專利、特殊營運許可證（如金融業的特許執照、特許煉油廠、特許挖礦等）的企業，巴菲特認為，企業如果擁有這類無形資產，等於擁有獨占的力量，這些無形資產雖然不會陳列在架上販賣，卻是非常珍貴的競爭優勢，也具有能提高訂價的力量。

其次，「客戶轉換成本」也是企業護城河之一。我們回想自己上一次更換往來銀行是什麼時候？一旦要變更往來銀行，除了必須花時間重新開戶，填寫很多表格之外，還有過去已經設定的自動扣繳、轉帳都要重新安排及申請變更，隱藏了許多麻煩的瑣事，轉換成本不低，所以多數民眾都不會經常變換往來銀行。

又或者以電腦軟體來比喻，一旦學會了 photoshop、illustrator 等繪圖設計軟體，突然要重新學習其他軟體操作，使用者也會覺得相當麻煩。這種客戶使用後就很難琵琶別抱，很難轉入其他競爭對手懷抱的就是轉換成本。巴菲特認為，這種優勢可以讓企業從客戶身上榨出更多利潤。

第三，「網絡效應」，用銀行信用卡來舉例最容易理解，對消費者來說，一張卡可以在便利商店、加油站、百貨公司

等地方使用，可以在國內、國外愈多地方使用當然愈方便，我們愈愛用、忠誠度愈高，這就是掌握了網絡，而企業大者恆大。巴菲特認為，這樣自然會形成類似寡占或獨占的市場。

最後，雖然企業擁有無形資產、轉換成本等優勢，終極目的是向客人索取較高的價格，但「價格」終究還是消費者購買決策的重要考量，因此，如果企業能在製造程序、營運地點、經濟規模中享有「成本優勢」，生產高CP值的產品或服務，依舊可以建立企業的成本優勢護城河。

● 左側交易與右側交易

我的股票核心資產部位，原則上買進後就鮮少賣出，主要目的以每年領股息為主。然而人不投機枉少年，另一部分專門做價差的衛星持股部位，我會搭著市場熱度話題買賣，嚴守停利、停損原則，賺波段快錢。二種完全不同交易模式的投資，我直接分成二個證券帳戶操作，切換不同的證券帳戶App時，腦子也能跟著轉換。核心資產長期投資部位，我採取「左側交易」策略；專作波段價差的衛星持股部位，則是「右側交易」策略。

大家可能做過一些心理測驗，測試過自己是左腦人還是右腦人，腦部科學研究中，左腦主宰理性，右腦主宰感性。

在股票投資交易的世界中，也有二個詞彙常被提到：「左側交易策略」和「右側交易策略」。

● 「左側交易」策略

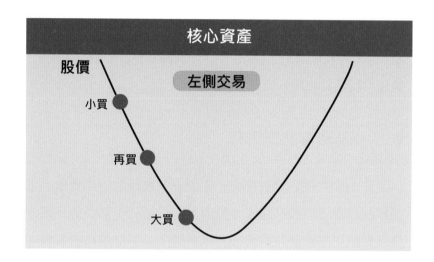

當市場碰到利空，尤其是如疫情、中美貿易戰、歐債危機等系統性風險，全世界股市一起跌時，個股在下跌的過程中，我們不知道它會跌到哪裡，何時是低點，只能依靠經驗綜合判斷，估計底部位置。左側交易即是在股價下跌的過程中，分批向下買進。

再白話一點就是「愈跌愈買」。然而在股價下跌過程中買進，等於一開始一定會先蒙受一些帳面虧損，自己的心理要能健康地撐過去，關鍵在於買進一間體質健全、自己心安的企業。

　　此外，左側交易策略還有個重點是「分批買進」，因為不知道會跌到何時，所以銀彈要慢慢打，不要一下子就打光了。其實一年之中能執行左側交易策略的時機並不多，甚至二到三年以上才可能遇上一次，如同二〇二〇年因疫情引起的全球股災，要在搶口罩之時也記得搶股票，老實說執行起來並不容易。

● 「右側交易」策略

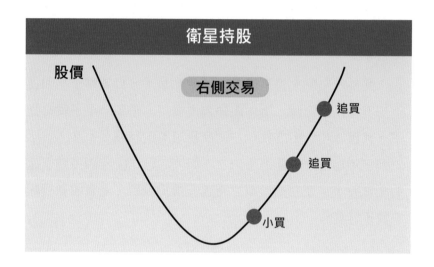

古語云：「君子謀時而動，順勢而為。」意思是說，聰明的人會準備好在合適的時候行動，順著當時的形勢潮流，不逆勢而行。對應到股票操作上，就是順著趨勢做，想買進股票不能愈跌愈買，反而要在股價上漲時順著趨勢追高。

因此，右側交易者的買進時機是當股價連續下跌一陣子後，股價開始出現爆量上漲、站回均線等技術面轉強訊號，同時至少三個交易日沒有再下跌，持續彈升時才買進。

右側交易比較適合有時間看盤的人運用，標的為股性活潑的中小型個股、主題型、特殊型 ETF，最忌諱的是當一檔

先前很熱門的股票，股價開始回檔，持續破前低時，你卻幻想著它會重新像之前一樣飆漲，愈跌愈買，最終嚴重套牢。搶趨勢短波段的右側交易，切記一定要順勢操作，追高殺低。

	左側交易	右側交易
交易特色	逆勢操作 抄底	順勢操作 追高殺低
判斷	需主觀判斷進場時機	隨著市場訊號判斷
風險	高	低
交易成本	低	高
獲利空間	大	小
持有時間	長線	短中線
標的	體質良好、穩健的公司 市值型、高股息 ETF	波動大的熱門話題公司 主題型、特殊型 ETF

左側交易與右側交易

3-3

價值投資的「存股」法則

　　我有個社團朋友在十多年前以每股不到三百美元價格買進一批 Google 股票，如今已有將近十倍漲幅，而看上這檔超級成長股的不是她自己，而是她當時正在讀國中的兒子，從爸爸訂的商業雜誌上看到討論 Google 商業模式的報導，進而建議媽媽買這家公司的股票。

　　這則真實的小故事中，我看到知識菁英養育小孩的方式，他們平常在餐桌上的話題是商業模式、股票投資，更在潛移默化中培養國際觀、商業思考判斷力，在人生起跑點上擁有絕對優勢。

　　而十年翻十倍的 Google 股票，正是價值投資派提倡的以「普通價格」買進「優秀企業」，並且「長期持有」。然而，我必須說，台股和美股存在著根本上的差異，美國品牌上市大公司能夠直接決定台股上市企業的營收和訂單，台灣的企業多

以代工製造為主，鮮少有品牌，以護國神山台積電來說，也是做製造的。因此，要用巴菲特價值投資方式，在台股裡找到十年翻十倍的超級成長潛力股，我認為不太容易。台灣公司大多在淨利上打轉，所以想長期以價值投資台股，我認為重點還是應該放在以「便宜價格」買入「體質穩健的公司」。

● 價值投資「存股」法則一：判斷公司體質

要判斷公司體質，了解經營成績單很重要，就像我們的學生時期，定期有期中考、期末考，用成績單檢驗學生這陣子學會了多少。企業也是一樣，定期繳交經營成績單給股東過目。

企業有二種成績單，第一種是每個月一次，每個月十號之前要公布的「**營收**」業績。例如，六月的業績在七月十日前要公布，七月的營收在八月十日前要公布。第二種成績單是「**獲利**」表現，每季公布一次[11]。

你可能會問：營收和獲利差別在哪裡？假設一輛車的售價是一百萬元，我的公司這個月賣出了十輛車，一百萬 × 十輛等於一千萬元，這是營業額。但賣車要有車賣，得請工廠生產汽車，當中有零件、工人工資等，銷售汽車要租門市、

---

[11] 通常在每年三月三十一日、五月十五日、八月十四日和十一月十四日公布。

繳房租，要給業務員獎金，還要繳營業稅等，把林林總總的
經營成本全部扣掉之後，才是真正賺到的錢，這才是公司真
實的獲利。

解讀這二張成績單時，我們需要特別關心「**年增率**」，
就是和去年自己同期相比表現如何。例如報紙上常看到類似
標題：「營收／獲利雙位數成長」，就是年增率超過 10% 的意
思，假設去年賺了一百億，表示今年至少賺了一百一十億元，
是很不錯的成績單。

但如果有二間公司都說這一季賺了一億元，是不是表示
它們表現一樣好呢？當然不是，不同規模的公司，獲利狀況
當然不同，巷口鹽酥雞小攤販賺一百萬和麥當勞門市賺一百
萬，絕對是不一樣的意義。所以，要在相同標準下比較才有
意義。

要回歸到相同標準，得先認識一個財務名詞：「EPS 每股
獲利」，它的公式是：

EPS ＝稅後淨利 / 流通股數

亦即把扣掉所有成本後實際賺的錢，除以公司所有股票
的股數，算出一股賺了多少錢。

你不用擔心，這數字我們不用自己算，企業公布財報時
都會直接算好，我們只需要知道它代表的意義和重要性就可
以了。把大家拉到同一個標準，你的一股賺一元，我的一股

賺二元，一目瞭然，我的股票表現當然比你的好。所以 EPS 是評估一間公司賺錢能力非常重要的指標。每季都會有一個 EPS 數字，把四季的 EPS 加起來就會得到全年的 EPS，這是投資一家公司最最基本一定要看的數字。

● 價值投資「存股」法則二：觀察股票的「本益比」

價值投資除了找出體質穩健的公司，另一個關鍵就是以「便宜或普通」價格買進股票，那麼，我們怎麼知道股價貴不貴？這要靠「PE 本益比」，它的公式是：

PE 本益比 = 股價 / EPS

PE，P 在前 E 在後，可記成 P 在上 E 在下，P 是 Price（股價），E 就是 EPS，也就是股價除以 EPS。

請注意喔！這裡的 EPS 是指整年的 EPS，也就是四個季度的 EPS 加總起來。還是那句老話，這些數字都不用自己算，電腦會幫我們自動算好，但我們要懂得它所代表的意義。

本益比的涵義是「用現在的股價買進，幾年能夠回本」。若以十倍本益比為例，可以想成是「現在用十元買進，若將來每年賺一元，持有十年就能賺回投入的本金」。如果買在二十倍本益比，就代表每年獲利不變的情況下，需要經過二十年才能回本。我們當然希望股票買在本益比愈低愈好。

　　或者可以用包租婆的概念來理解，假設現在有二個房地產投資案可選擇，一個花一千三百萬元買一間公寓，合法隔成三間套房出租，每年可以收租金二十五萬元；另一個花三千五百萬元買一間台北市蛋黃區二十四小時保全的小豪宅，每年可以收租金七十二萬。哪一個付出的成本比較低呢？

隔間套房：$1300 \div 25 = 52$ 倍

小豪宅：$3500 \div 72 = 48$ 倍

　　如果端看購屋金額和租金數字，第一時間很難察覺哪一個成本比較低，但套進本益比的概念後，隔間套房出租，需要五十二年才能回本，小豪宅只要四十八年就能回本，當然選投資小豪宅比較好。

合理股價怎麼算？

　　大家都有買東西的經驗，我們買某樣東西之前，心裡對這樣東西會有大概的價格預估，比如買房子，實價登錄中可以看到這間房子的周邊行情是每坪四十萬元，如果賣家開價每坪三十萬元，比行情低，我肯定會想買；如果賣家開價每坪五十萬元，每坪硬是比周邊行情高出十萬元，當然就不會想買了。

　　所以，算出一檔股票的「合理真實價值」，再把這個數字拿去和市場上的股價比較，市場股價比真實價值高，就表示

太貴了，應該要賣出；相反的，市場股價比眞實價值低，等於花五毛錢可以買到價值一塊錢的東西，當然可以買進。

如此一來，買賣的關鍵就在於合理的股價怎麼算？「本益比法」是機構法人最常使用的估價方式。讀者朋友們還記得前面提過的本益比公式嗎？ PE 本益比＝股價／ EPS。想知道合理股價就把恆等式換個方向回推。計算合理股價的公式爲：

合理股價＝ EPS× 本益比

專業的機構投資人會登門拜訪上市、上櫃公司，和經營階層主管或專業經理人聊天，還會參加法說會，將上下游供應鏈消息進行交叉比對，追蹤公司營收狀況、毛利率等財務數字後，建立一套估算 EPS 的模組系統，估算出企業未來一年可以賺多少錢（EPS），接著再參考企業過去本益比區間，或參考同業本益比區間，把 EPS 數字乘上本益比，得出一個合理股價。

例如：某某投顧公司研究員透過一系列的研究，預估鴻海在未來一年每股可以賺十二元，本益比設定爲平均的十倍，十二乘以十等於一百二十元，這時再把推算出來的一百二十元合理股價拿去和目前的股價相比，就能簡單評斷出鴻海股票該買進，還是該賣出。

然而，我們不是專業機構投資人，小散戶很難自己估算

企業未來的 EPS，怎麼辦呢？我建議採用二種方法：一、直接參考外資、投顧的個股研究報告，運用強大的 Google 大神，直接打上關鍵字「○○○ EPS 預估」，就有機會查到一些專業機構的預估。二、如果查不到，實務上我會用一間公司「已經公布」近四季的 EPS 合計來計算。

例如，鴻海二○二一年整年每股賺了 10.05 元，歷年平均最低本益比是 9.37，最高 14.38（goodinfo 網站可查詢），以最簡單的平均法，大約給鴻海 11.8 倍本益比，因此，10.05×11.8 ＝ 119，就可推算出鴻海的合理股價約為一百一十九元，假設當時鴻海在市場上的股價不到一百元，合理價格比市場股價高，就是千載難逢的買進好時機，也就是價值投資派所說以「普通／便宜價格」買進「優秀企業」的好時機。

不過，除了推測合理股價之外，巴菲特還提倡要給一個「**安全邊際**」。也就是說，我們用本益比估算合理價格，終究是個估值，我們有可能估錯，所以應該把估算出來的合理價格再打個九折或八五折，當市價低於打過折的估計合理股價後再買進，這是更安全的做法。

繼續以上述鴻海來舉例，合理股價算出來為一百一十九元，打九折約一百零七元，打八五折約一百零一元，如此一來，當市場股價來到一百元到一百零七元時，即是符合安全邊際的合理股價。

● 價值投資「存股」法則三：觀察股票的「股價淨值比」

　　有個殘酷的事實要告訴大家：推算合理股價的「本益比法」沒辦法一招打遍天下，有些性質的股票不能用本益比法來計算。例如：虧損中的公司、獲利高低起伏落差很大的公司、景氣循環股都不適合用這個方式。

　　什麼是景氣循環股呢？我們不妨想像一下，景氣好的時候，大家對自己的收入較有信心，可能比較願意去買房子，而建商蓋房子會需要用到水泥、鋼鐵等材料；萬一某個時候景氣大反轉地下跌，經濟展望前景不明，消費者買房子的熱度會減少很多，這時水泥、鋼鐵等相關產業就會受到衝擊，這種就是景氣循環股。典型的景氣循環產業包含水泥、塑化、鋼鐵、營建、航運，還有電子股的 DRAM 記憶體、面板和金融股。我們不會用本益比法來估算這些產業，而是用「股價淨值比」。

　　我們要先了解什麼是「淨值」。假設一間公司的總資產是一千萬，包含向銀行借款四百萬和股東提供的六百萬資金所組成，當中股東的六百萬就是淨值，也就是總資產扣掉負債之後的價值。而每股淨值則是把淨值除以公司的發行股數。

　　要用股價淨值比來算現行股價到底便宜還是貴，公式是：

股價淨值比＝股價／淨值

若＞１表示股價較高

若＜１則表示股價可能被低估

當然這裡的 1 也不是絕對衡量標準，實務上最好用的方式是對照「**本淨比河流圖**」。假設今天你想買 2886（兆豐金），但不知道現在的股價會不會太貴，就可以調出兆豐金的本淨比河流圖，把時間拉長到五年，從中可以很明顯地看出，兆豐金股價這五年來大概就在一倍到一‧四倍淨值比之間。然而最新股價卻走到一‧八倍淨值比，從希望「買便宜」的角度來說，現在並不是個好的買進時機，得等股價回到一‧二倍，甚至一倍淨值比時，才是比較好的買進時機。

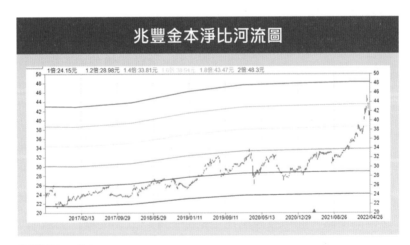

資料來源：goodinfo

● 價值投資「存股」法則四：穩定配發股利

　　價值投資三大關鍵字為便宜價格、穩健公司、長期持有。要讓投資人長時間抱得住的股票，選擇股票時，我們會選擇有「穩定配發股利」的公司來投資。如此一來，持有股票時即便沒有賣出，還是能透過股利增加收入。

　　如何找尋穩定配發股利的公司？我們在後面的章節再繼續說明。總之，這裡先教大家用 EPS 數字來判斷某間公司到底有沒有賺錢體質，再用本益比法、股價淨值比法判斷現在的股價到底貴不貴，希望大家學會這些方法以後，往後都可以自行判斷，唯有了解自己買進的理由，不靠道聽塗說，投資才能踏實，也才能抱得住，不會看到一點風吹草動就急著賣出，淪為賣到最低點、買到最高點的窘境。

3-4

我的存股名單借你瞄

　　雖說我認為和美股相比，要在台股裡用價值投資方式找到超級成長股並不容易，但台股有一個美股沒有的優勢就是「高殖利率」，台股的平均殖利率超過 4%，和美股的平均殖利率 2% 相比高出許多。每年農曆春節開工後，各大財經媒體上最常看到的新聞標題就是「○○公司決議配發○○元股利，換算殖利率○○ %」。只要殖利率達 6%、7% 以上的，通常隔天股價都會有一波上漲的慶祝行情。

　　評估一間公司股息配得高不高的標準就是「**殖利率**」，公式不難，大家一定要背起來：**股息／股價**。例如：二○二二年三月，鴻海公布配發現金股利每股 5.2 元，宣布股息當天的收盤價是 105.5 元，5.2÷105.5 ＝ 4.93%，鴻海當下的殖利率就是 4.93%。身為台股投資人，我們一定要好好運用台股高殖利率的優勢。

● 領股息該知道的小知識

　　我們該怎麼做才可以領到股息呢？一般來說，上市、上櫃公司每年二、三月召開的董事會決定好股利數字之後，必須在股東會上由股東表決同意，每年五月到七月是傳統股東會的旺季，上市、上櫃公司同時會公布「除息日」和「股利發放日」。我們需要在除息日「前一天」收盤前買進持有股票，才符合參與配息的資格，並於股利發放日當天領到股息。

　　除息日前一天買進：可參加股利分派

　　除息日前一天賣出：沒有股利可領

　　除息日當天買進：今年沒有股利可領

　　除息日當天賣出：只要前一天持有，仍然可領到股利

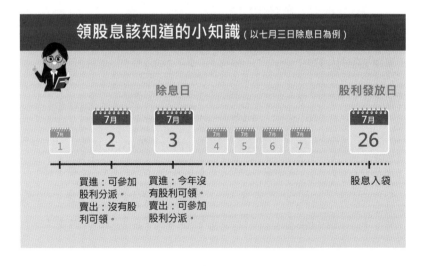

領股息該知道的小知識（以七月三日除息日為例）

除息日　　　　　　　　　　　　　　　　　股利發放日

7月1　　7月2　　7月3　　7月4　7月5　7月6　7月7　　　　7月26

買進：可參加股利分派。賣出：沒有股利可領。

買進：今年沒有股利可領。賣出：可參加股利分派。

股息入袋

● 配現金股息vs.配股票

　　有些公司會配現金給我們，稱為「除息」，這是多數公司配發股利的方式；但有些公司會選擇配股票給我們，稱為「除權」。有些公司則是又配股又配息。你還記得一張股票是多少股嗎？沒錯！就是一千股。配股票的除權，公司不是分現金給我們，而是分股票，假設一張股票分到一百股，可以說是股票兒子幫我們生了股票孫子，等於我們擁有一千一百股的股票了。

　　公司除權時會宣布配幾元的股票股利，我們把股利的數字直接 ×100 就對了。例如：一元股票股利就是 $1 \times 100 =$ 一百股，0.7 元股票股利就是 $0.7 \times 100 =$ 七十股。

　　對於小股東來說，配現金股息可以直接入袋，比較簡單好理解，但如果今天公司選擇配股票給我們，要注意什麼嗎？這就要回到 EPS 公式：「稅後淨利／流通在外股數」，如果這家公司每年賺一千萬元，原本流通在外的股票為一百萬股，一千萬元／一百萬股，EPS = 10 元；因為公司配股，讓公司股數增加到一百五十萬股，假設隔年一樣賺一千萬元，一千萬元／一百五十萬股，EPS = 6.6 元。沒錯！EPS 數字會下滑，而 EPS 又是投資人衡量一間公司體質好不好、會不會賺錢非常重要的指標。假設公司要維持 EPS = 10 元，它隔年

就得賺到一千五百萬元才行，一千五百萬元／一百五十萬股，EPS 仍然是十元。我認為若是公司董事會選擇配股票，某種程度上也算是對自己來年的經營績效非常有自信。

關於除息、除權，還要有一個觀念：當公司除息、除權時，股價會被「往下修正」。例如前面鴻海的例子，配 5.2 元股息，假設除息前一天的收盤價是一百一十元，除息日當天一開盤，鴻海的股價就會只剩下 110 － 5.2 ＝ 104.8 元。你一定會覺得納悶，我的股票居然莫名其妙地下跌了。這個概念其實不難理解，因為公司發出股息之前，這些錢都是公司賺到的錢，是公司市值的一部分，現在公司把一部分資源分配給股東了，股價就需要有相對應的修正。

這時候弔詭的事情來了，假設我在鴻海除息當天一開盤就賣掉股票，當下鴻海除息修正後的股價只剩 104.8 元，賣出股票可拿回十萬四千八百元，再加上配息拿到五千二百元，加起來是十一萬元，這和我在除息前一天賣掉股票入袋的錢是一樣的，換句話說，我領到的股息其實是自己股票價差的錢。

所以，要讓股息真正入袋，唯有當股價又漲回到除息前，也就是股價修正前的價格，以鴻海為例來說，股價要漲回到一百一十元，這時候賣股票才沒有價差，五千二百元股息才是真正落到我們的口袋裡。從除息修正後的 104.8 元漲回到

一百一十元就是「填息」，股票有填息，現金股息才是真正安穩地屬於我們。

我們評估一檔高股息股票值不值得買進時，過往能不能快速填息也是很重要的評估準則。另外，如果一家公司只是一次性加發股利，並非每年都穩定配息，這些股票我也會盡量避開。

● 我的存股名單借你瞄

選擇能夠長期穩定配息的存股名單，我的篩選條件如下：

一、連續十年穩定配發股利

二、近十年殖利率不曾低於 4%

三、近十年盈餘配發率大於 50%

四、近十年淨利率為正

我以十年為標準，因為企業的經濟活動會經歷復甦、擴張，收縮、衰退等一連串完整的經濟循環，時間從一年到十年不等，我通常採取最嚴格的十年，企業若在不同景氣環境下都能穩定配發股息不停歇，每年配息金額落差不能太大，而且能維持年均殖利率 4% 以上，就算擁有穩定配息的條件。

後面二項條件，盈餘配發率大於 50%，我認為也很重要，這攸關公司經營階層對股東大不大方，賺十元只分一、二元，

盈餘配發率為 10%、20%，我覺得太低、太小氣，賺十元至少配五元，大於 50% 的配發率是我的標準。最後，淨利率也是衡量企業會不會賺錢很重要的財務三率指標之一 [12]，若一間公司每年獲利都能維持正成長，也能確保公司的賺錢能力，都是我看重的篩選條件。我以如此條件篩選出自己的十檔存股名單。

	我的存股名單		
個股		公司業務	配息情形
1215	卜蜂	台灣最大飼料、雞肉、蛋、微波食品製造商	連續十五年配息
9911	櫻花	台灣廚房、熱水器設備龍頭	連續十四年配息
3702	大聯大	亞太區最大 IC 通路商	連續十七年配息
5434	崇越	半導體製程材料通路商，跨足環境工程並經營「安永鮮物」食品銷售	連續二十五年配息
2441	超豐	台灣成熟製程消費性電子封裝測試廠	連續二十五年配息
6257	矽格	台灣最大 RF 射頻封裝測試廠	連續二十年配息
2382	廣達	全球最大筆電代工廠	連續三十年配息
2324	仁寶	全球前二大筆電代工廠	連續三十三年配息
2480	敦陽科	台灣資訊系統整合領導廠商	連續二十五年配息
3029	零壹	軟體代理商，提供 IT 基礎建設、網路資安、雲端與大數據等領域解決方案	連續十五年配息

---

[12] 財務三率指標為毛利率、營益率、稅後淨利率。

● 存股三禮：耐心、勇氣、現金

有了存股名單，接下來該怎麼做？我會在券商 App 裡把這些標的設定爲一個群組，平時不動作，只有當全市場恐慌性下跌時，才會開始執行「左側交易策略」，也就是分批愈跌愈買。想存股「耐心、勇氣、現金」缺一不可！全市場恐慌性下跌不會天天有，可能好幾年才出現一次，需要有等待的耐心，當危機來臨眞的出現股價下跌的時刻，也要有逆勢進場的勇氣，當然手頭上也要有現金，不然就甭買了。

說到存股，我最常被問到的問題是：現在股市上萬點了，還可以存股嗎？現在萬二了、現在萬八了，還可以存股嗎？其實隨著經濟發展，企業獲利也會提高，股價隨之墊高並不是什麼奇怪的事，尤其選擇各產業中高市占率的龍頭股，也是加分條件，因爲這些公司能享有較好的議價能力，可以把隨著通膨墊高的成本轉嫁出去。

如果你永遠只是想著，現在股價好高可以進場嗎？到頭來只能永遠站在場邊觀望，下不了場。如果你還是會害怕、會擔心，很簡單，先從定期定額開始，每個月都買一點，股價漲時有買，股價跌時也有買，搭配前面再三強調過的，定期定額至少二年以上的金律，長時間下來，成本就能平均。

最後，殖利率公式請大家一定要背起來：**股利 / 股價**。

每當股市有大震盪時，要執行左側交易，我通常會拿它的去年股利除以大跌後的股價算出殖利率，殖利率愈高買進，不能說風險愈小，但至少多了下檔防護網，防護網愈大，就算蒙受帳面上虧損，比定存高好幾倍的股息殖利率，還是比把錢放在銀行只能領微薄利息來得好。

3-5

就愛高殖利率？
「股利成長股」更吸睛

財經節目做久了會發現有些投資主題是萬年票房保證，縱使重複一直講一直講，收視率和點閱率依舊很高，例如「高殖利率」、「存股」就是經典的例子。

想當存股一族，首先得問問自己有沒有辦法做到十個字：「**手中有股票，心中無股價**」。如果買進一支股票後，卻天天盯著它，常常想著要不要賣，賺了一點價差就想趕快賣出。這個做法不是不行，只是要先認清：自己適合做的是「價差」而不是「存股」。畢竟存股的真諦是：選擇穩定配息、體質好的公司買進股票，長期持有。每年領到股息也要把領到的現金投回去繼續滾動買股，才能創造出利滾利的複利效果！

另外，我們也要學會區分不同股性的股票，一般來說，依據公司每年獲利的 EPS 情況就能大致分辨它屬於定存股、

成長股，還是景氣循環股。如果一間公司每年都賺差不多的錢，也配出差不多金額的股息，這類股票我們稱為「定存股」，可占長期存股部位六成到七成。另一種成長型的股票，它們的獲利每年都在成長，配發出來的股利也持續增加，簡單來說，假設前年配發 1.5 元現金股利、去年 2 元、今年發 2.5 元，股利一年比一年多，這類的股利成長股也適合占我們存股部位的三成到四成。

最後一種景氣循環股，公司業績表現隨著經濟、產業景氣而有大幅波動，景氣好時，EPS 很高，賺很多錢；產業景氣低迷時，甚至會虧損，這類景氣循環股的股票就不適合存股。

 不同股性股票

EPS 稅後淨利（元）

	第一年	第二年	第三年	第四年	第五年	第六年	第七年	第八年	
定存股	5	5.5	4.9	5.1	5.5	5	4.8	5.2	→ 可存股
成長股	5	5.5	6	6.5	7	7	8	8.5	→ 可存股
景氣循環股	5	2	3	-1	6	7	1	4	→ 不適合存股

就定存股和股利成長股來討論，我曾在主持節目裡，聽到來賓華倫老師用 8341（日友）和 4904（遠傳）來對照。二

○一四年日友與遠傳的股價皆爲五十七元，同年日友配息 2
元，遠傳配息 3.75 元，換算下來日友殖利率僅 3.57%，遠傳
爲 6.58%，不過日友股利連年增加，從 2.2 元、3.5 元，一路
到二○二一年配出 8.2 元，以二○一四年買進價五十七元來
算，此時殖利率已經高達 14.4%；相對的，遠傳每年配息穩
定維持在 3.25 元到 3.75 元之間，殖利率約 5.7% 到 6.58% 之
間。很明顯可以看出，日友是股利成長股，遠傳則是定存股。

股利成長股 vs. 定存股

年度配息 (元 / 股)

		2014	2015	2016	2017	2018	2019	2020	2021
8341	日友	2	2.2	3.5	4.5	6	6.5	8	8.2
4904	遠傳	3.75	3.75	3.75	3.75	3.75	3.75	3.25	3.25

2014 年，皆以 57 元價位買進，買進價的殖利率

		2014	2015	2016	2017	2018	2019	2020	2021
8341	日友	3.57%	3.93%	6.25%	8.04%	10.7%	11.6%	14.0%	14.4%
4904	遠傳	6.58%	6.58%	6.58%	6.58%	6.58%	6.58%	5.7%	5.7%

我以現金股利連續五年成長，近五年年均殖利率大於
3.5%，日均成交量大於三百張爲篩選條件，找出幾檔口袋中
的股利成長股名單給大家參考：

股利成長股

2458	義隆	全球筆電控制晶片大廠
3029	零壹	台灣軟體代理商，提供 IT 基礎建設、網路資安、雲端與大數據等領域解決方案
6121	新普	筆記型電腦用電池組封裝製造廠商
5410	國眾	系統整合應用與資訊設備及通訊科技服務商
8213	志超	印刷電路板生產廠商
4104	佳醫	代理血液透析醫療器材、外科手術用醫療耗材與儀器設備

　　我們找尋長期投資存股標的時，除了定存股，也可以試著把一部分資金鎖定在這類股利成長股，也許初期殖利率沒有特別高，卻能一路成長。然而，我也不建議 100% 都存股利成長股，除了這類公司不好找之外，同時，還在成長茁壯中的公司也無法保證面對未來的挑戰都能一帆風順挺過。我自己長期存股的原則是先求穩定，再求增長，因此建議股利成長股配置三成到四成比例即可。

3-6

為什麼說金融股適合存股？

　　說到存股不能不提到金融股，靠著存中信金、兆豐金、玉山金進而財富自由的存股達人們不少。股神巴菲特提出的企業護城河理論中，金融業者至少符合了二項：無形資產和轉換成本。

　　金融業是個必須經過政府核准才能設立的特許行業，並非有錢就能開一家銀行；一旦我們在一家銀行開了戶頭，多半也不太會隨意轉換，不然原本設定好的瓦斯、水電等費用代繳都要重新設定一次，實在有點麻煩，這就是轉換成本的優勢。所以，金融股確實符合長期投資的要件。

　　台股中約有三十五檔金融股，占整體台股總市值將近10%，占比不低。討論哪一檔金融股適合長期存股之前，我們先來建立一些關於金融股的背景知識。

　　我認為，金融股裡適合長期投資的是「金控公司」，也就

是大到不能倒的金融業者，而所謂金控，旗下會包括好幾家不同類型的金融子公司，常見的包含銀行、證券和壽險三大子公司，有的會再加入產險或投信子公司。而這些金控依據有無政府持股，分為「公股」和「民營」二種不同體質。

兩者比較，公股金控要負責較多的社會責任，像是學貸、軍公教貸款，而通常公股的股價比較牛皮，很難看到大漲或大跌，但一體兩面，也可以說它們比較穩健可靠，尤其有政府這個富爸爸撐腰，總覺得就算出事了，富爸爸不會、也不能讓它擺爛，勢必會出手相救，因此公股色彩的金融股是許多穩健派存股族的最愛。

至於民營金控以民間資金為主，以企業獲利極大化為目標，有人認為它們經營模式較公股積極，也較創新，獲利成長性較高，但相對風險波動較大。兩方各有各的支持者，大哉問，沒有誰對誰錯。

金融股分類

公股	民營
華南金、兆豐金 第一金、合庫金	富邦金、開發金 國泰金、玉山金 元大金、台新金 新光金、國票金 永豐金、中信金

● 金融股怎麼挑才賺？先搞懂金控主引擎

既然金控是由銀行、證券、壽險相關子公司結合而成，但每間子公司貢獻的獲利程度不一，凡是貢獻整體金控超過 50% 獲利的子公司，我們就把它歸類爲獲利主引擎。例如，二〇二一年富邦金控整體獲利中，有 71% 來自富邦人壽，因此我們定義富邦金是以壽險爲主引擎的金控業者。而證券經紀業務市占第二的凱基證券，母金控開發金正式併購中國人壽之後，由於中壽貢獻獲利已大幅超越凱基證券，因此也將開發金歸類爲以壽險爲主體的金控。

金控主引擎

銀行	壽險	證券
兆豐金	國泰金	元大金
華南金	富邦金	
第一金	新光金	
合庫金	開發金	
中信金		
玉山金		
台新金		
永豐金		

了解金控主引擎分類之後，我們來了解它們是怎麼賺錢的？從「銀行」看起。銀行賺錢來源主要是：一、利差，二、

刷卡機、轉帳、基金、財富管理的手續費。其中以利差爲最大宗。

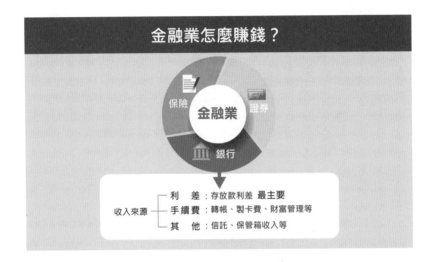

什麼是利差？假設我在銀行裡存了一百萬元，銀行收了我的錢，要給我存款利息假設爲 1%，也就是存一年，可以拿到一萬元利息。如果你買了房子要向銀行貸款，銀行就會把我存的這筆一百萬元借給你，但借錢利息都比較高，假設爲 2%，也就是說，你向銀行借一百萬，一年要給銀行二萬元利息，銀行收了你的利息二萬元扣掉要付給我的存款利息一萬元後，中間的一萬元差額就是利差，這是銀行主要的獲利來源。

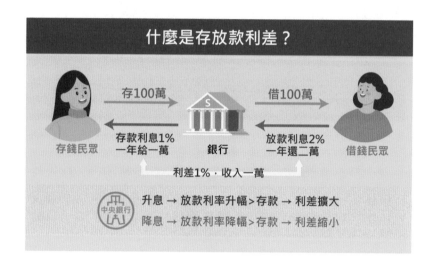

有了這樣的概念後，我們再來想想，什麼因素會導致銀行的利差增加或縮小呢？答案是「央行升／降息」。假設台灣央行宣布降息，實務上，借錢出去的利率調降的幅度會比存款利率大，也就是說，銀行可以收的利息錢會減少，一來一往之間，利差就縮小了，銀行獲利也跟著變少，如果看到央行降息的新聞，我們就該立刻聯想，這對銀行為主體的金控來說是不好的消息。相反地，如果看到央行升息的消息，表示銀行利差會擴大，以銀行為主引擎的金控公司就會受惠。

再來，「壽險」公司怎麼賺錢呢？我們買保單，保險公司收了我們的保費，公司的投資部門會到國內、海外金融市場裡買股票、買債券、投資不動產收租金，投資賺到的錢扣掉

賠付出去的保險金，中間的差額就是他們的獲利來源。

　　然而，因為保險公司會到國外找投資機會，在台灣的保險公司保費收入大多是新台幣，到海外投資卻多以美元計價，長久以來，「匯率波動」一直是壽險業頭痛的問題之一。

　　舉例來說，假設A保險公司今天投資海外資產一百萬美元，美元兌台幣的匯率是一美元兌換三十元台幣，今天帳面上的資產價值就是三千萬台幣，在不考慮投資標的報酬單純看匯率的因素上，假設半年後新台幣升值了，匯率變成一美元兌換二十九元台幣，這時就會發現，一百萬美元的帳上評價立刻只剩下二千九百萬台幣，等於平白損失匯差一百萬元。

保險公司
💰💲 100萬美元

· 匯兌損失
· 避險成本

	一月一日	七月一日
美元兌台幣匯價	30元	29元
帳上價值	3,000萬台幣	2,900萬台幣

　　為了避免這類狀況發生，壽險公司都會在期貨市場上做匯率避險，但避險是需要成本的，一般來說，用一百億元向外商銀行進行 SWAP 換匯交易[13]，就得付出約三億元成本。當台幣強勢走在升值軌道時，壽險公司會蒙受很大的匯兌損失和避險成本，對於以壽險為主引擎的金控公司來說，就是利空消息。

　　最後，「證券」公司很簡單就是以收證券交易手續費為主，因此每當股票市場很火熱時，證券手續費自然收得多，以二〇二一年上半年來說，每天台股成交量達四、五千億，券商根本躺著賺，當時國內全體券商一季就賺了二百六十八億元，相較前一年虧損四十多億來說，不可同日而語。但相反的，近幾年台股曾經歷一天不到一千億元的窒息成交量，這時對以證券為主的金控股來說，就很辛苦。

---

[13] 交易雙方約定以兩種貨幣做為交換，並於約定到期日將貨幣換回。交易期間內，持有高利率貨幣之一方必須貼補持有較低利率貨幣之一方，以彌平利率差異。我們用個比喻來說明，住台北的 A 生考上了新竹的大學，需要去住新竹四年，而新竹的 B 生剛好同年考上了台北的大學，需要去住台北四年。所以他們兩個交換房間住，約定四年後再換回來，可是因為新竹的房租比較台北的房租低，所以新竹的 B 生就決定補貼 A 生每月房租三千元，兩人就完成了 SWAP 交換交易。

● 為什麼大家說金融股適合存股？

　　為什麼金融股適合存股？就是一個「穩」字。相對於電子股、傳產股，金融股股性比較溫和，除非股市出現像金融海嘯這種全球的系統性大波動，否則平時波動不會太大，有點牛皮。而金融族群的股息大多配得還不錯，殖利率一般都有4%、5%以上水準，加上金融股普遍股價不會太貴，大多在二十幾元的區間，二萬元左右就買得到一張股票，讓小資族感覺負擔不會太重。

　　想加入存金融股的行列，第一件事是先把前面說的金控主引擎概念記熟，壽險引擎容易因匯率問題而蒙受壓力，證券引擎會因股市行情好壞影響獲利，因此，以銀行為主引擎的金融股，我認為比較適合存股長期投資。

　　要評估哪一檔金融股適合存股，我的篩選條件是：

一、**配息要穩**：不能大起大落。如果我退休了就靠領股
　　息生活，結果我存的金融股股票，今年配三十萬，
　　隔年配五十萬，再隔一年只剩二十萬，這樣大幅度
　　的起伏，我的生活要怎麼過呀？

二、**過去五年殖利率皆大於 5%**：既然是存股，要求殖
　　利率當然也是基本的條件。

三、**ROA 資產報酬率**：這是評估公司有沒有認真幫股東

賺錢的財務指標，即指企業運用每一元資本可以創造多少利潤。它的公式是：

ROA 資產報酬率＝獲利／總資產（負債＋股東權益）

假設A銀行一年賺十萬元，總資產（負債＋股東權益）是一千萬，10/1,000 ＝ 1%。ROA 愈高表示資產利用率愈好。

ROA 資產報酬率和巴菲特注重的 ROE 股東權益報酬率很類似，最大的差別只在分母，ROA 是看企業整體總資產，也就是負債加股東權益（股東的出資），因為銀行是拿客戶存的錢去放款給另一個客戶賺利差，這筆錢在會計上被列為負債，所以計算金融業的企業總資產，除了股東出資的股東權益，還要把負債加進來，不然金融族群最大的生財工具卻沒有被算在裡頭，容易失真。

最後，我們來金融股存股大 PK，選大家常討論的三家公股和三家民營熱門存股標的來比一比。

金融存股比一比

	兆豐金	華南金	第一金	玉山金	中信金	開發金
平均現金＋股票股利	1.63 元	0.96 元	1.13 元	1.36 元	1.08 元	0.61 元
平均殖利率	5.26%	4.84%	5.0%	5.3%	4.8%	5.0%
ROA	0.71%	0.48%	0.58%	0.71%	0.72%	0.9%

* 統計數據為五年平均（二○一八年至二○二二年）
* 此殖利率計算為現金股利＋股票股利／股價

由於金融股有資本適足率的問題，因此除了現金股利之外，許多金控公司會選擇配股，以玉山金來說，配股和配現金幾乎等額，若僅以現金殖利率計算殖利率會有些失眞，因此這裡以「（現金股利＋股票股利）／股價」來計算殖利率。

　　綜合評比之下，我認爲兆豐金、開發金平均殖利率＞5%，ROA數值也高，是可優先存股的標的。由於玉山金現金殖利率偏低，每年配股票導致股本膨脹，必須維持不錯的獲利成長才能支撐EPS，然而金融業屬於成熟產業，有沒有辦法持續配股又維持獲利成長？需持續觀察。上述表格以一段時間的評比結論不是重點，重點是教大家評估方法，未來讀者朋友們就能把心儀的標的自行拿來PK，找出符合自己投資想法的金融股存股標的。

　　至於何時是介入時機？大家可使用前面說過的「股價淨值比」，調出「本淨比河流圖」，看看股價當下正處於什麼位置，以下圖兆豐金本淨比河流圖爲例，二〇二二年三月底，股價來到接近一‧八倍淨值，歷史相對貴的位置，我自己不一定要等很便宜時才進場買股，但絕對不會追高。

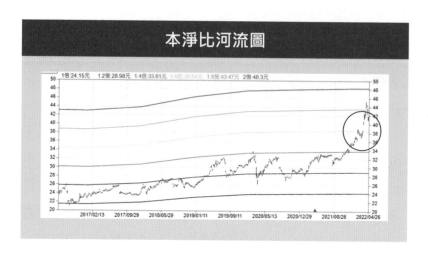

本淨比河流圖

3-7

高股息懶中帶勤的波段操作心法

「高殖利率」是台股放眼全球股市獨一無二的優勢與特色，除了可以長期投資開心領股息之外，有時候也可以「懶中帶勤」，賺點填息行情價差。

我會先找出過去十年平均四十天左右就能快速填息的高股息個股，於除息日當天，即股價因除息被修正時買進，若能順利填息，殖利率的％數就是我的獲利。

例如：2392（正崴）過去十年平均四十五天能填息，二〇二〇年配息 2.5 元，以除息前一天收盤價來算殖利率約 5.7%，我在除息日當天一開盤以 41.05 元買進，這一年正崴花二十一天填息，股價最高來到 44.8 元，超過 9% 的波段漲幅就是可以賺到的填息價差。

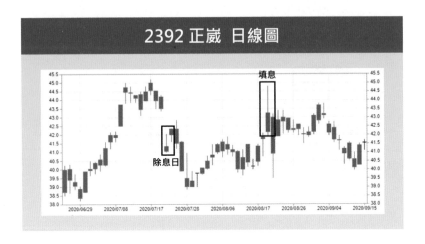

類似的例子再以 2377（微星）來說，過去十年平均十三天內能填息，二○二一年配發 6.1 元股利，以除息前一天收盤價 122.5 元計算，殖利率約 5%，當年微星二天就完成填息，除了 5% 填息價差輕鬆入袋，當年微星填息行情一個月內從 119 元走到 147 元，波段漲幅超過 20%。

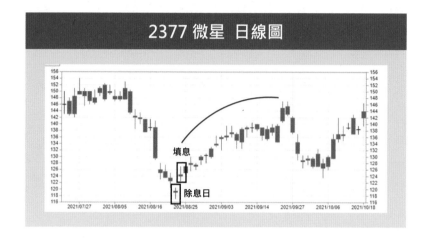

我覺得這套賺填息行情價差的操作方式，報酬率也許沒有特別高，但「勝率」頗高。想如法炮製，有三大關鍵因素：

一、**標的本身必須是快速填息常勝軍**。我抓長時間，也就是過去十年都能在二個月內填息為標準。

二、**當年殖利率要高**，畢竟我們要賺填息價差，殖利率愈高代表我們潛在獲利空間愈大，因此殖利率愈高愈好。

三、**除息當下大盤必須是多頭欣欣向榮、萬股齊漲的環境**，這個操作方式不能在一個空頭環境裡執行，如果大環境不好，填息常勝軍也可能被波及，難以快速填息。

Part 4

有勇有謀，賺波段快錢

4-1

人不投機枉少年

　　曾經看過一則新聞標題：「失業操盤月賺五萬，他嗨：不上班了」，提到一名網友因為疫情而失業，賦閒期間靠著二百萬本金進場操盤，半年來每個月都穩定獲利四到五萬，開心地喊說不想回去上班了。我刻意點開新聞連結下方的留言處，沒想到過半數網友叫他別傻了，二〇一九年到二〇二一年台股連續三年繳出亮眼的 20% 漲幅，認為他只是恰逢多頭，手氣好罷了。

　　若問我對這件事的看法，我同樣會說：「本業為主，買股波段為輔，當沖當樂趣，不該反客為主。」然而，因為他懂得投資買股票，面對本業的一時失意，還有機動找收入的能力，讓他在蹲下來等待躍起的時間裡，比別人多了選擇的時間與機會，我一直深信「每個人都該學理財，因為有了這個選項，人生才不會被迫選擇」。

我自己的投資規劃分為專為退休準備的「核心資產」，以及短進短出賺波段快錢的「衛星持股」。人不投機枉少年，抓到一支飆股，幾週就可能跑出 10%，甚至 20% 以上的獲利，賺快錢讓人腎上腺素噴發，我認為年輕人就是有投機嘗試的本錢，把部分資金放在追求短線沒什麼不可以，只要謹記：「投資有風險，怕輸別買進。」買股不會永遠一帆風順，要做好輸錢的準備。

　　關於衛星波段持股，我的操作方法是：

　　一、從籌碼面（投信／主力）選標的。

　　二、用技術指標抓進場、出場時機。

● 跟著股市老大找股票

　　幾年前在一趟香港旅遊中，友人提議去看賽馬，想體驗亞洲難得一見的運動博弈文化。休息室裡，舉頭看到的電視螢幕皆是各種賽馬資訊，香港阿伯、阿姨們各個認真地盯著螢幕或是手拿馬報、馬經仔細鑽研，研究哪匹馬贏面比較大。我呢？老實說，光是獨贏、位置、連贏、位置Q幾種賭法都搞不清楚了，更遑論要分析找出跑得快的馬。於是我使出搭訕功力，瞄準一位看起來最和善的阿姨，攀談之餘順便「參考」她下注的馬匹。

　　股票市場裡的「籌碼分析」也類似這樣，股票上千檔，我們怎麼知道要買誰？這時不妨參考股市裡的老大，三大法人：外資、投信、自營商或主力大戶，他們買什麼，我們就跟著買，也是策略之一。畢竟影響股價變動的因素很多，上自政策，再到產業變化，下到公司營運，我們小散戶很難面面俱到，而這些股市老大的研究資源多、小道消息也多，他們買賣有一套自己的邏輯。每天盤後下午四點多，證交所會公布當天三大法人買超和賣超金額與標的，參考他們的操作標的名單可以事半功倍。

　　三大法人之一：**外資**，即外國投資人。他們把錢匯進台灣換成台幣，到台股市場裡買股，為什麼要大老遠跑到台灣買股票呢？不外乎是看上台灣平均 4% 以上全球數一數二高的股息殖利率；另外，台灣也是全球晶片半導體供應鏈很重要的一環，我們擁有很多很不錯的半導體企業。所以外國的退休基金、主權基金、避險基金、指數投資 ETF 等，都會到台股市場找投資機會。

　　不過，外資要在全世界投資，他們認識的一定是一個國家最大、最知名的企業，台灣是台積電，韓國可能是三星。因此，要了解，外資操盤特性是喜歡買「權值股」，也就是大型公司股票。再者，你想想看，這些外資遠在幾百公里之外，不太可能一直買、賣地轉換標的，所以選股會特別重視基本

面，找出體質不錯的公司，買進後一直抱著，抱到基本面出現變化轉壞為止，有時候當下的價位反而不是他們買進的主要考慮的因素。這帶出外資買股的第三種習性：長期投資，他們不太會短進短出，而且買賣會有高度連續性，買盤通常不會買一天就縮手，而是今天買、明天買、後天買，買好買滿，買到想要的張數才會停止；相反的，如果他要賣，也會是連續性動作，賣到他滿意為止。

外資是目前三大法人中占比最高的族群，不過還是有個弔詭的地方，如果台灣某個有錢人為了避稅，到國外某小島註冊一間投資公司，用這間公司的名義回來買賣台股，他明明是台灣人，用的是在台灣的資金，下單的地點也可能在台北某棟豪宅裡，但是他的交易紀錄卻會列為外資，就是俗稱的「假外資」。目前證交所公布的資料，無法辨別是真外資還是假外資。

三大法人之二：**投信**，就是基金公司。我們買基金，投信基金公司的經理人把大家的小錢集合成大錢，到股票市場用他們的專業買股票，賺錢大家一起分，虧錢大家一起分擔，這是共同基金的概念。

他們和外資操作風格最大的不同在於：投信經理人就在台灣，深知我們這塊土地的風土民情，所以，除了國際知名大企業之外，他們也很擅長挖掘一些正在起飛的中小型公司。

我認為，一般散戶想賺短波段財，跟單投信會比跟單外資更有機會搭上飆股順風車。

三大法人之三：**自營商**。我們買賣股票前都會到證券公司開立證券帳戶，證券公司會成立自營部門，他們進出股市的錢是公司的，不是一般大眾的。

自營商的操作特性非常短進短出，他們不在乎領股息，只致力於看到機會就進場，投機賺點價差就閃人，追求絕對報酬。不過，近年自營商幾乎都以發行權證為主要業務，所以股票進出都是為了搭配權證發行的避險需求，不包含本身對行情的看法，所以自營商的進出資料，對我們來說，比較沒有參考價值。

為什麼外資、投信這些股市老大這麼重要？打個比方，假設去水果攤買水果，我一次買五顆蘋果，老闆會說：「少年仔，我說五顆一百元就是一百元，別想殺價！」但這時另一個人也來買蘋果，他說：「老闆，我要買五千顆蘋果。」老闆肯定會說：「好好好，我們來談價錢。」股市老大除了消息多，也因為資金龐大、出手張數多，能擁有較高掌握價格的控盤能力。

股市裡有句諺語：「新手看價、老手看量、主力看籌碼。」意思就是：投資經驗愈豐富的人，愈會發現籌碼面變化的重要性，並衍生出量是因、價是果的體悟。想賺波段快錢，籌

碼分析 [14] 非常重要。

● 技術分析：歷史會不斷重演

　　跟在股市老大後頭參考他們的買進名單後，我會搭配技術分析來決定到底確切應該選哪一支股，以及何時買？新手要正式進入技術分析領域之前，最基本的是要先認識技術分析的靈魂：K線。它把一檔股票一天內開盤價、收盤價、最高價、最低價的四個訊息集中到一張圖示裡，怎麼結合呢？

　　例如：A股票以 77.7 元開盤，收盤收在 79.2 元，盤中股價上上下下，最低時翻黑跌到 77.1 元，盤中最高價來到 79.4 元。連結開盤價、收盤價可以畫出一個柱狀，往上延伸到當天最高價，術語叫「影線」，因為在上所以叫上影線，代表盤中的攻擊力量；同樣的，最低點連下去也有一條線，因為在下就叫下影線，代表盤中的防守心態。股價當天開低走高，股價最終是上漲的，所以這個K線會填上代表上漲的紅色，請參見第 172 頁圖。

---

[14] 股票價格在於市場買賣行為，籌碼分析大戶的每個動向，跟著大戶動向，搭上主力順風車。

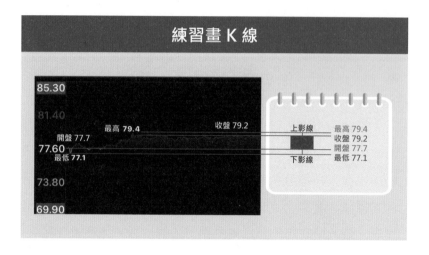

練習畫 K 線

第二個例子，B股票開盤開在 67.6 元，之後一路下滑，盤中最低來到 65.7 元，最後收盤收在 66 元。對應起來，開盤價比較高，收盤價比較低，也有當天最高和最低價格，因爲當天開高走低，所以K線的顏色就會是代表下跌的綠色，只不過雖然是綠的，我們口頭上通常不會叫它綠K，而是叫黑K，請參見第 173 頁圖。

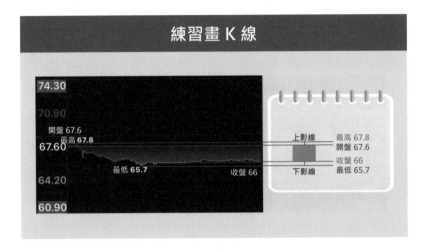

再來看第三個例子，C 股票開盤開在 78.5 元，收盤也收在 78.5 元，無法形成柱狀，就變成一字型，當天只有最低價 78 元，沒有最高價，所以沒有上影線，只有下影線，變成很像 T 字的 K 線，請參見第 174 頁圖。

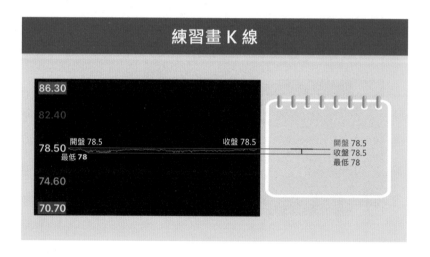

練習畫 K 線

86.30

82.40

開盤 78.5　　　　　　　　　　收盤 78.5　　　　　開盤 78.5

78.50　　　　　　　　　　　　　　　　　　　　　　收盤 78.5

最低 78　　　　　　　　　　　　　　　　　　　　　最低 78

74.60

70.70

　　總之，每檔股票依據當天走勢，最終都會形成一個 K 線，分析這些 K 線走勢型態的方法就是「技術分析」。也就是「用過去發生的事實，預測未來可能的走勢」。這套理論的信念是：

　　一、股價是市場唯一真理。股價會漲表示想買的人多，會跌表示想賣的人多，他們完全不關心公司基本面。

　　二、股價走勢有一定規律。就像我們每天固定吃早餐、中餐、晚餐三餐；幼稚園畢業要讀小學，小學畢業要上國中。因為股價有一定的規律，所以能預測未來走勢。

　　三、歷史會不斷重演。技術分析認為，所有投資人的行為都會不斷重複，因此可以運用循環找到重複有利的趨勢。

● 你買進的理由是什麼？

我曾和一位操盤手聊天，小發牢騷地說：「你分享的成功操作案例股票我也買過，但你賺了翻倍的報酬，我卻只賺20%就賣掉了，後面那段我都沒吃到！」

當下來賓只問我一句：「妳買進時的理由是什麼？賣出時那個理由消失了嗎？」犀利地反問，我瞬間有點招架不住，彷彿有顆核仁噎住喉嚨，不知如何回答。

是呀！很多時候我們可能因為技術分析出現買進指標而買進，卻僅憑感覺賣出；或者看到投信買超，我們跟著買，看到新聞好像有點利空消息就賣出。「你買進時的理由是什麼？賣出時那個理由消失了嗎？」這真是醍醐灌頂的提醒。

4-2

做股票「會跟」比「慧根」重要

投資買股票，請問你們覺得「慧根」重不重要？我常開玩笑說：「沒有『慧根』沒關係，只要記得『會跟』。」跟誰？跟「投信」。

相對於外資買股，可能是長期投資、可能是不同金融商品間套利、可能是假外資，潛在理由很多；投信買股邏輯則簡單許多，就是要賺價差，要幫買它基金的投資人賺錢。

投信操作有一套固定的循環模式，首先，每間基金公司都有符合內規可投資的股票池，經理人透過一連串拜訪、研究、分析，從股票池中找出標的開始布局，布局過程中，每天證交所會公布盤後資料，市場裡沒什麼祕密，沒有任何消息蓋得住，當有人察覺有神祕力量正默默買進某檔股票後，市場會開始跟風，如此一來，股價可能開始走高，直到有一天，投信一直買一直買，股價仍然漲不動的時候，投信翻臉

可能和翻書一樣快，轉為連續賣超獲利了結，股價因此開始往下走，整個循環約二到三個月不等。

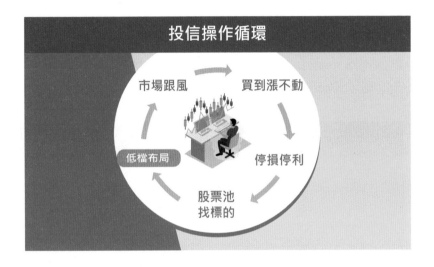

而到每季的季底（三月、六月、九月、十二月），常可以看到新聞標題寫著「投信季底作帳行情」，這有點類似上班族領年終獎金，長官會依據一整年的工作表現打考績後發獎金，基金公司經理人的績效是每一季結算一次，績效直接影響經理人分紅獎金的多寡。績效結算前，經理人為了衝刺績效成績與排名，通常會想辦法再把手上的王牌持股股價再拉一波，因此這時媒體上常出現「投信認養股」的標題，市場認為投信持股比重高的股票，往往有季底作帳行情可期。

　　實際舉幾個例子給大家看：3042（晶技），二〇二〇
年二月之前，投信幾乎鮮少關注，二月起，投信突然開始慢
慢布局，每天幾千張、幾千張地買超，雖然之後碰上三月疫
情爆發，導致全球股災，晶技股價也跟著大幅修正，但投信
仍然不離不棄，四月中，晶技股價一舉站上六十七元，從
四十四元漲到六十七元，二個月波段漲幅超過五成。

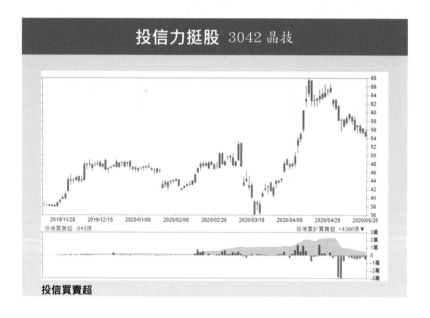

投信力挺股 3042 晶技

投信買賣超

　　類似的例子還有3035（智原），二〇二一年八月中，投
信開始默默布局，於九十元價位附近開始買進，愈買愈多、
愈買愈多，最終在十月底，智原股價一舉來到二百一十元，

波段漲幅高達一‧三倍。

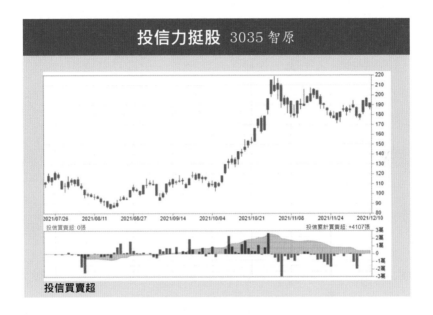

投信力挺股　3035 智原

投信買賣超

類似的例子非常多，我常笑說：跟單投信是大戶吃肉、我們喝湯的過程。跟著投信買股，就算吃不到完整肉塊，也能喝點肉湯、吃點肉末。要如何跟單投信？我的方法是：

一、近一週連續買超四天以上

二、買超張數占整體成交量比重不宜太低

三、第一時間沒跟上，可於投信成本區附近再介入

首先，想跟單投信，不能去跟一檔一個月前就已經買的股票，或是投信已經買很多也漲很多的股票，重點是找出過

去幾乎沒買，最近才開始著墨的股票，而且要連續買超四天以上，以確保投信是真的認真要認養它。再者，買超張數也不能太低，如果A股票每天成交一萬張，投信雖然連續買，但每天只買五十張，這樣也不成比例。這部分我會參考股票「投信持股比率」數據，在下單軟體App籌碼分布裡都能看到。例如一檔股票原本投信持股6%，近一個月持續上升到8%、10%、12%，我就會認定投信正在慢慢吃貨認養中。

　　至於介入時機，最佳時機是投信連續買超四天以上，但股價還沒有明顯拉升時，跟進去的機會最大。不過，如果第一時間沒跟到，股價卻已經拉上去了，那麼我們只要默默目送它就好，不用急著追價，可以等股價的回檔時機。如果看到股價回檔，但投信並沒有明顯的賣超，尤其股價回到前波投信剛開始買超的成本價附近時，就是可以考慮第二次介入的時機。

　　例如：6104（創惟），二〇二一年七月中，投信連續買超超過一週，讓股價一路從一百多元漲到一百四十元，第一時間沒跟到沒關係，投信認養一檔股票不會買二個禮拜就停下來了，我們需要多一點耐心。八月初，創惟股價開始回檔，但投信小賣三天後又轉為買超，這時的股價已經回到前波投信集中買超時的價位，約一百元左右，我們稱之為「投信成本區」，這時就是一個滿好的介入時機，之後創惟股價重新整裝，

一路上漲到九月中，來到將近一百六十元，超過 50% 的波段漲幅，整個過程約在二個月左右完成。

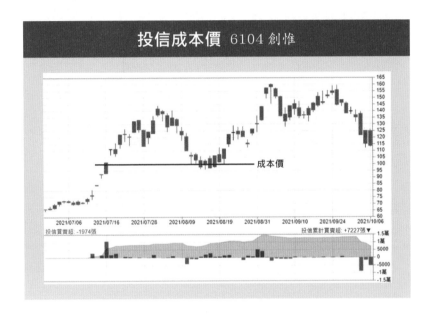

再來看一檔 3189（景碩），二○二一年八月中，投信一路買超，剛開始買超時股價還下跌，平均買進價位約一百八十元到一百九十元之間，之後景碩股價最高拉升到二百三十元。第一時間沒跟上車沒關係，九月中，景碩股價出現回檔，但同一時間投信並沒有大幅賣超，當股價回到前波投信買進成本區間時，就是一個很好的介入時機。最終，景碩股價十月底漲到二百五十元左右，波段漲幅約 25%，投

信從開始布局到退場差不多也是二個半月到三個月。

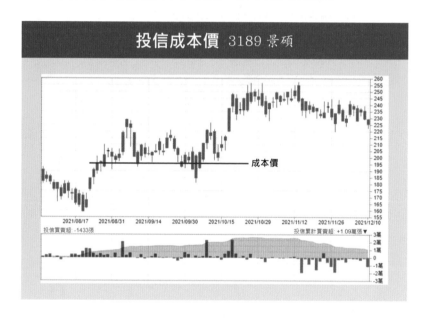

總之，想跟單投信，今天沒買到，千萬不用急，股票就像公車一樣，永遠會有下一班車抵達。投信力挺一檔股票會是至少二個月的事情，可以等待股價回到前一波投信成本價位的機會，是更適合可以重新介入的時機。

當然還是老話一句：「永遠不要忘記買進的理由。」我們買進的理由是投信買超，因此一旦看到投信連續賣超三、四天以上時，也會是該出場的時機了。

4-3

掌握籌碼背後的故事

　　大家身邊有沒有這類長輩，一聽到買賣股票立刻皺眉頭說：「這是賭博，千萬不要碰！」有一位我很敬重的老師在同學會上聽到我在財經電視台上班，報導股票、教人做股票，看著我的眼神隨即變調，睥睨之餘，不斷耳提面命：「股票碰不得。」

　　我後來得知老師對股票的反感情緒，來自於她先生年輕時曾用融資買股，最終資金軋不過來，賠掉了為數不少的財產，連房子都差點沒了，夫妻感情因此生變。

　　融資是什麼？當投資人看好某檔股票後續的走勢，但手頭上的現金不夠時，可以向券商借錢買股，只需自備四成股款現金，券商可借給你六成，當然需要付點利息。假設一檔股價一百元的股票，買進時原本需要支付一百元 × 一千股＝十萬元股款，如果以融資買進，只要支付四萬元現金（四

成），剩下的六萬元由券商借給你，因此以四萬元操作十萬元的部位，金融槓桿是二‧五倍（$10 \div 4 = 2.5$）。

等之後股票真的上漲了，再把股票賣掉，把錢還給券商，中間價差就是獲利來源。當然券商會盡可能把借出的風險降到最低，所以有「融資維持率」的保護機制。以四萬元購買十萬元的股票，買進後融資維持率為 166%（10 萬 $\div$ 6 萬 $\times$ 100% = 166%），若股價下跌，現值也會跟著跌，當股價跌到融資維持率小於 130% 時，券商就會發出「融資追繳令」要求客戶「補錢」。

而「融券」剛好顛倒過來，假設投資人看壞一檔股票的後勢，可以先向券商借股票到市場上賣出，等股價真的往下跌了，再用便宜的價格把股票買回來，然後把股票還給券商，一樣可以賺取價差。

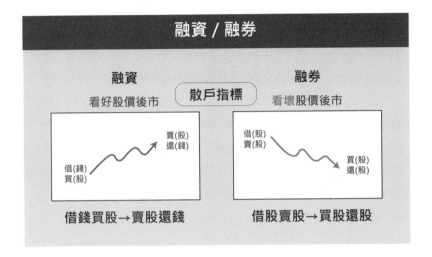

融資、融券是台股信用交易機制，更由於外資、投信、主力大戶中，有的是不能以這種方式操作，有的是資金夠多，不需要以這種方式操作，所以融資、融券一般都是散戶投資人使用，被視爲是散戶指標，也是衡量股票市場火不火熱的指標。

然而，因爲融資買股的槓桿是二‧五倍，若沒有掌握好行情，又沒做好停損，慘賠身家的故事也屢見不鮮。我不建議大家用融資買股，卻很常運用融資、融券增減的情況分析股票。

融資、融券增減vs.股價走勢

	融資增	融資減
融券增	多空前景不明	若股價持續上漲，軋空行情可期 ★後勢看漲★
融券減	短期利多	人氣退潮，資金離場

　　融資、融券、增加、減少可以組合排列出上圖中的四種狀況，在「股價持續上漲」的情況下，融資增加很好理解，因為大家看好，但如果看空的融券數量也增加，代表著雖然有人看好，但看壞的人也增加了，這時候多空交戰的前景不明，大家需要特別提高警覺。

　　再來，你可能會說，最好的狀況應該是看好的融資增加，看壞的融券減少。這種狀況對股價的確是偏多消息，但四個象限中，真正最大利多的是「融資減少，融券增加，但股價持續上漲」。乍看之下，可能覺得邏輯怪怪的，看好的減少，看空的增加，怎麼還會是好事呢？大家不妨想想，融券一直增加表示放空的人不少，但股價卻沒有因此被打壓下來，反

而一直漲，同時，融資又不斷減少，表示那股把股價持續撐住，甚至拉上去的神祕力量財力夠雄厚，他不需要使用融資來買股票，這件事散戶辦不到，應該是某個有錢的主力在買才有可能。

另外，融券有強制停損機制，當投資人融券放空股票，股價卻沒下跌，被逼著認輸的投資人就得回去市場上「買股票來還給券商」，「買」股票來還這個買的動作，稱為軋空，就會再把股價帶上去一波。「**融資減少，融券增加，但股價持續上漲**」是我常用來看多股市的訊號。

● 跟緊主力腳步

除了跟單投信，大家知道嗎？上市或上櫃公司的董監事、大股東，或是專職投資人等主力大戶買什麼，我們也是可以查到的！方法非常簡單，直接在 Google 大神上打「主力買賣超排行」，就會跳出來，和投信買賣超排行的意義一樣，當我們不知買什麼時，從排行中挑選會比在茫茫大海中撈針輕鬆許多。

關於主力，有二個數據大家一定要知道：一、**主力買賣超**；二、**主力買賣家數差**。

主力買賣超：把所有今天買這支股票數量最多的前十五

家券商分公司，和賣超最多的前十五家券商分公司，兩者張數來相減，如果主力買賣超是正的，就表示前十五大買超券商「買的張數」比前十五大賣超券商「賣的張數」多，這是個好現象。但這是以「張數」來算的，如果不看張數，單純看買賣「分行家數」狀況又不一樣。

主力買賣家數差：這個資料就不只前十五家券商分公司了，它把今天全台灣有買、有賣這支股票的券商分公司全部拿來計算，假設台積電今天買超家數有七十家，賣超家數有三十家，相減就是四十家。這什麼意思呢？我們把一家券商分公司想成一個人，原本台積電的股票只集中在賣的這三十個人手中，但今天被七十個人買去了，等於股票流到了七十個人手裡。股東數變多了，籌碼股權也分散了。我們一般不希望股票籌碼太分散，畢竟一旦分散，家家有本難唸的經，你可能臨時什麼狀況得賣股，籌碼凌亂不利於股票上漲。

反之，如果今天從七十個人手中賣到三十個人手裡，表示籌碼集中到少數人手中，籌碼集中，有能力吸收大量股票的特定買家，很可能就是大戶，大戶進場，特別值得關注。因為大戶的口袋深，足以拉抬一家公司的股價。

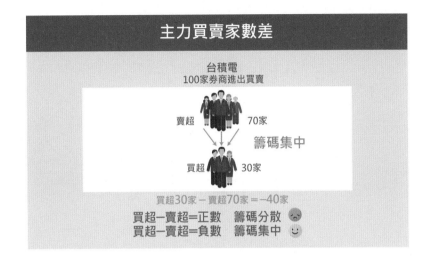

在解讀主力買賣家數差資料時，差數如果爲「正」，買的家數比賣的家數多，表示「籌碼分散」，不理想；買的家數比賣的家數少，代表「籌碼集中」，就是利多訊號。

而當「主力買賣超」爲正，表示主力在買，「買賣家數差」爲負，表示籌碼集中在少數人手中，兩者搭配，可以更確定是主力的行爲。以2603（長榮）來舉例，當主力買賣超大於0，表示主力在買，第二行「買賣家數差」爲負數，表示籌碼集中到少數人手中，兩者搭配，往上對應看股價走勢，股價多半會伴隨一波凶猛的漲勢。這一部分資料，用 CMoney 的籌碼 K 線 App 或網頁皆可免費查詢。

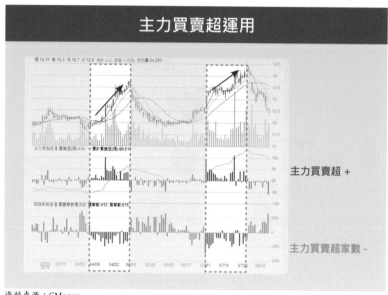

資料來源：CMoney

　　融資融券增減、主力買賣超和主力買賣家數差這三項是我研究投信買賣標的名單之外最常使用的籌碼分析方式。其實研究籌碼面無非是想知道市場上主要玩家是誰，以及推測這牌局接下來會怎麼走，發揮偵探精神搜出主力股。股神巴菲特曾說：「如果你坐到牌桌上玩了半小時，還不知道誰是傻瓜，那麼，你就是那個傻瓜。」這就是籌碼分析好玩的地方。

4-4

四堂課搞懂技術分析

　　我的生日剛好是天秤座開始的第一天，有趣的是，有少數星座解析會把這一天歸到處女座，生日碰巧介於前後星座交界點的好處就是，每當我看到解析說天秤座運勢不佳時，就會轉看處女座運勢，鄉愿地只相信有利於自己的解析。

　　說白了，股票技術分析和算星座運勢差不多，都是一種大數據的統計學。股神巴菲特曾經調侃技術分析是拿過去的經驗對未來做評估，就好像看著後照鏡開車，都不看前面的擋風玻璃，遲早會車毀人亡。

　　技術分析有許多指標，均線、KD值、MACD、乖離率、布林通道等。均線理論誕生在一百年前，KD指標發明在六十年前，MACD指標出現在四十年前。我常想，當今的時空背景和理論問世時應該早已截然不同，那麼，這些技術指標到底還適不適用？但是，如果這些方法這麼沒用，應該不

會流傳這麼久吧！

　　學習需要採開放態度，不論適不適用，基礎技術分析方法，大家還是要學會。首先，技術分析的基本前提：所有的資訊都會反應在股價上，而且一旦趨勢形成就會持續下去，直到另一個反轉訊號出現為止。

● Lesson 1　支撐線與壓力線是什麼？

　　打開股票分析節目影片，大家一定常看到分析師口沫橫飛地說著：「這檔股票最近如果支撐有守住，就是很好的進場點……」、「跌破上升趨勢線，記得逐步賣出……」聽得霧煞煞嗎？到底何謂支撐？何謂壓力？如何用來判斷買賣點呢？

　　前面教過大家K線的由來與畫法，而當我們把一檔股票的長期走勢攤開來，可以把K線上緣二個高點連起來，這條線就是壓力線，可以想成當股價漲到這個位置時，就好像有個隱形的蓋子蓋在那兒，神祕力量會把股價壓下來，讓它漲不上去，產生壓力；同樣的，把二個低點連起來會形成支撐線，當股價下跌到這個位置之後，就會遇到一股強而有力的支撐力道，讓股價反轉往上彈，不會再跌了。

　　當股價在壓力線和支撐線的區間中上上下下，稱作盤整。直到有一天，股價向上爬升的過程中，上漲突破了壓力

線，彈到壓力線上方，我們就會認爲這是股價即將向上攻擊的重要訊號；同樣的，在轉空頭的局勢中，如果股價跌破支撐線，我們就會認爲股價未來可能走低，應該賣出。

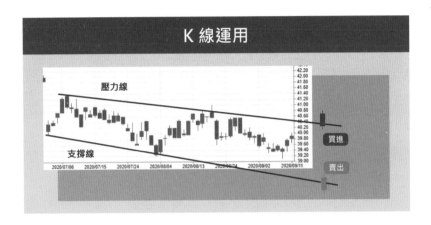

以 2330（台積電）二〇一九年底的走勢爲例，一開始台積電股價就在區間裡盤啊盤，上上下下看不出明確趨勢，不過之後突然跌破了下方的支撐線，這時按照技術分析來說，就應該賣出。接著經過一陣盤整期，突然有一天，股價突破了上方的壓力線，這時按照技術分析來說，就是可以買進的時候。後來，台積電的確迎來一波漲勢。

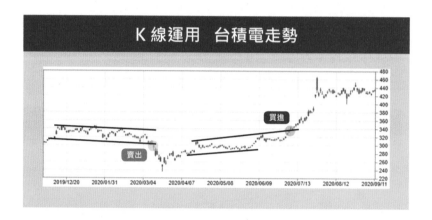

K 線運用　台積電走勢

● Lesson 2　均線怎麼看？

MA 均線，簡單來說是把一支股票過去一段時間的收盤價格平均起來畫出一個點，把點連起來變成一條線就是均線。例如：A股票近五天平均股價是二十元，接著股票繼續上漲，第六天的股價加進來，踢掉第一天的股價，又得出一個新的平均價格，假設是二十一元，但第七天股票暴跌，導致第七天的數字加進來，踢掉第二天後，得到這五天的平均價只剩十九元，把一個點一個點連成一條線，因為是用五天價格平均算出來的，就是五日均線。

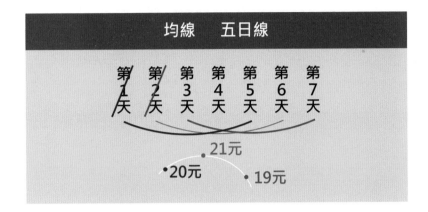

　　十天的平均價格畫出來的線就叫十日線，二十日叫二十日線或月線，六十日叫季線，一百八十天是半年線，二百四十天是年線。

　　我們把均線和支撐、壓力概念結合，當股價上漲超過均線，等於突破了一個壓力區，表示它上漲的力道很強勁，技術分析裡認為，一旦股價突破均線，就適合買進；同理，當股價跌破均線，就是賣出訊號。

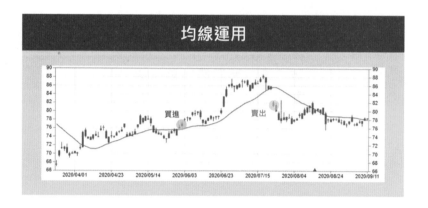

不過，我有個小心得想分享給大家：所謂的漲破均線和跌破均線，我自己會以連續二到三個交易日突破，才認定為正式突破，而不是看到站上去均線一天就急著買進。

接著你可能會問：均線這麼多，有五日、十日、月線、季線、半年線等，到底要看哪一條均線呢？先問問自己波段操作的週期多長？如果你是習慣持股半年以上的中長線投資人，那麼半年線、年線比較適合你；如果是持股二～三個月的投資人，月線和季線比較適合你；如果你是交易週期更短的投資人，那麼五日線或十日線可能更適合你。總而言之，大家可以依照自己的投資期間，找尋適合自己的決策生命線。以我來說，我通常以月線當作決策生命線。

除了找出追隨的生命線之外，均線運用，短期、中期、長期均線排列的順序也很重要。技術分析裡，最喜歡看到愈

長期的均線排在愈下面，因為均線愈低表示買進的成本愈低，假設過去一年買股的人，平均價是八十元，而最近二十天買的人平均價格在一百元，就表示目前長期投資人基本上都是賺錢的，是利多的消息；但當一切顛倒過來，長天期的均線在最上面，愈短天期在愈下面，代表持有愈久的人成本反而愈高，可能都處於虧錢狀態，是不好的現象，被稱為空頭排列。

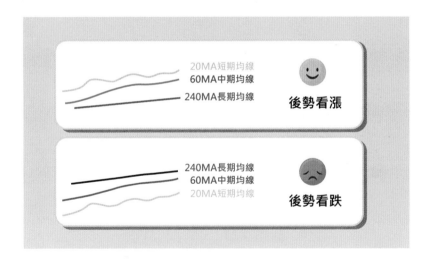

至於均線要走到短、中、長的多頭排列，肯定會有一些上上下下交叉，也就是均線糾結的過程。當比較短期的均線由下往上突破中期或長期均線時，我們稱作「黃金交叉」，是

可以買進的訊號；而當短期均線從高點往下跌，還跌破中期
或長期均線時，就稱「死亡交叉」，是賣出的訊號。

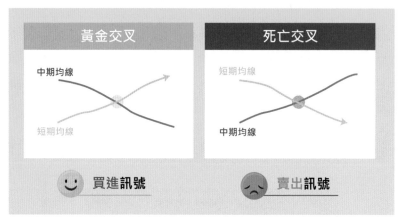

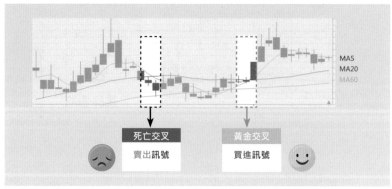

使用均線操作買賣股票時，最忌諱今天用十日線，覺得不好用，明天又改用半年線，幾天後心血來潮又改用六十日季線，如果漫無紀律地更換參數，只會原地打轉而已。

● Lesson 3　別人恐懼時，我要貪婪──KD值

技術分析裡的 KD 值和 MACD 都是用來衡量市場熱度的指標。有點類似股神巴菲特說的：「別人貪婪時，我要恐懼；別人恐懼時，我可以貪婪。」

首先，KD 值是 MA 均線的延伸，還記得嗎？均線是用收盤價格來平均計算，而 KD 值除了收盤價之外，還會考量當天最高價和最低價，比均線更敏感一些。當 KD 值愈高，代表這支股票今天收盤價格比較接近最近幾天的最高價，表示買氣很強、市場熱度很高；相反的，KD 值愈低，代表個股的收盤價格離最近幾天的最低點較近，買氣比較弱。所以操作 KD 值買賣股票的口訣為「KD 值小於 20 買，大於 80 賣」。

KD ＞ 80：股價過熱，人多的地方不要去，行情可能開始反轉，宜賣出。

KD ＜ 20：市場反應過度，股價過冷，股價有機會開始反彈，可買進。

口訣簡單歸簡單，我自己操作時，還會搭配 K 值與 D 值線來操作，前面有提到，當短期均線由下往上突破長期均線，

是黃金交叉，適合買進。同樣的道理放到 KD 線來看，當 K 線由下而上穿越 D 線，就是黃金交叉，行情看好，是買進訊號；當 K 線由上而下穿越 D 線為死亡交叉，行情看壞，是賣出訊號。所以 KD 值的口訣就會變成「KD 值 < 20，看到 KD 值黃金交叉時買進；KD 值 > 80，看到死亡交叉時賣出。」

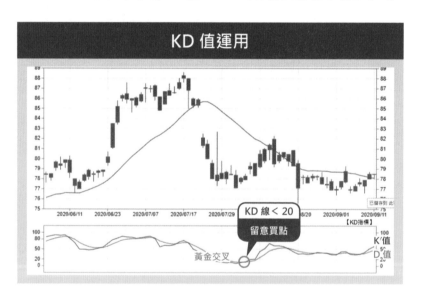

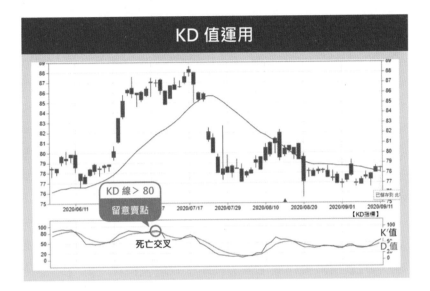

● Lesson 4　別人恐懼時，我要貪婪──MACD

　　MACD 由二種線圖組成，一種是 DIF 快線和 MACD 慢線；另一種是快線和慢線兩個數字相減，得到一個柱狀圖，快線減慢線為正的，是紅色柱狀，零以下就是綠色柱狀，很好理解。

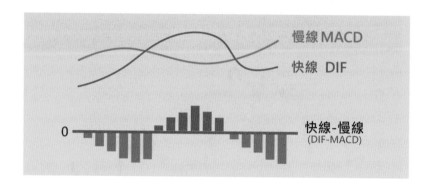

　　至於 MACD 和均線、KD 線有什麼不同？打個簡單的比方，影響我此時此刻整個人狀態的原因，一定是愈接近現在發生的事情影響程度愈高。例如：我現在精神不好，肯定是昨天晚上沒睡好，五天前的睡眠品質狀態，對今天的精神狀態影響程度會小很多。MACD 就是類似的狀況，多加了權重，愈接近的日子數值權重就比較高，愈遠的日子權重比重就比較低。

　　它應用的方式與邏輯和均線與 KD 線都一樣，黃金交叉時可以買進，死亡交叉時賣出。柱狀圖從綠轉紅就是買進訊號，反之就是賣出訊號。

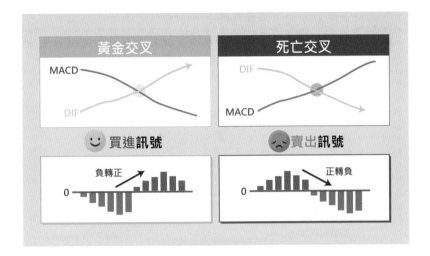

　　MACD 運用邏輯，當我們看到 MACD 柱狀由紅翻綠，DIF 快線和 MACD 慢線也呈現死亡交叉時，就是該賣出的時機；同樣的，當我們發現 MACD 柱狀開始由綠翻紅，而 DIF 快線由下往上，穿過 MACD 慢線呈現黃金交叉，就是適合開始找買點的時機。

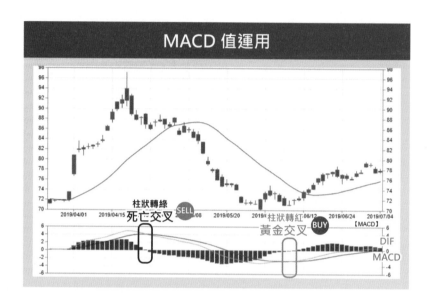

MACD 值運用

MACD 是我最常使用的技術指標，每當從投信買超或主力買賣超名單裡找到心儀候選股票名單後，我都會打開 MACD 技術線型檢查，看技術指標有無買進訊號。不過，MACD 往往是股價已經小漲或小跌一段後才開始反應，屬於幫助我們「確認」趨勢的指標，而不是「預測」趨勢的指標。

4-5

別在盤整時瞎忙

　　身為台灣人好像一生至少該環島一次，其中又以騎車環島顯得特別熱血、特別浪漫。想騎單車環島，季風的選擇是重要一環，如果遇上逆風，可能使時速下降到十五公里／小時以下，一旦搭上順風，時速將有可能超過四十五公里／小時。許多騎車老手都會提供建議，如果是春、夏季環島，通常吹西南風，順時針環島比較省力；相對的，如果是秋、冬季環島，東北風的背景下，逆時針環島，風力可以推你一把。

　　小米創辦人雷軍曾說：「站在風口上，豬都會飛。」意思是時勢造英雄，處於良好的大環境之下，可以造就出許多「飛豬」，當然每一隻會飛的豬可能都很努力，但「風口」才是成功的關鍵，如果一隻努力的豬不去看清楚風口在哪裡，只是一味地埋頭苦幹，成功的機率相對比較低。

　　這段原本用來形容創業者的金句，後來被股票族拿來自

我砥礪。股票市場裡，盤整是常態，若能掌握到股價開始起漲的時機點再入手，不僅資金運用更有效率，賠錢的機會也會大幅降低許多。搭配右側交易法，打底完成，上攻趨勢明顯後再入手，是我的波段操作策略。

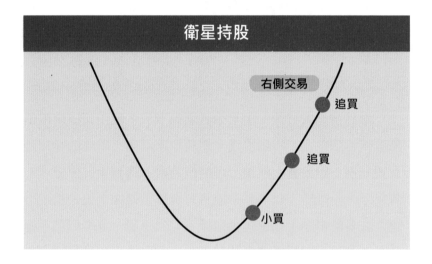

具體該怎麼做呢？首先，我會看整體股市氛圍如何，是在欣欣向榮的多頭環境裡，還是在較悲觀的氛圍中。判斷的標準以技術分析的「年線」為準，若整體大環境不好，大盤指數跌破年線，這時硬要從中找到逆勢成長股，沒有什麼意義，這時候比的不是誰的游泳技巧比較好，而是比誰此刻根本不在海裡。

確認完大盤氛圍後，個股選擇優先從技術面中找尋強勢上攻訊號：關鍵K棒與型態學。

● 別在盤整期瞎忙——等待關鍵K棒

股票市場盤整是常態，例如：網通設備廠中磊從二〇一九年五月到七月底的K線中可以發現，這段時間的股價都在差不多的區間裡上上下下。直到七月底才出現一根帶有巨大成交量的長紅K棒出現，隨即展開一波上攻走勢，這就是我們要找的關鍵K棒。

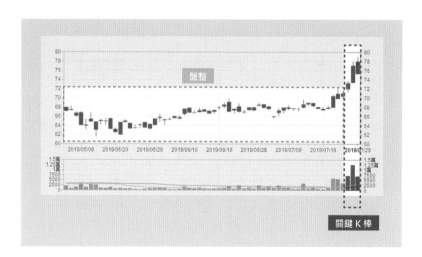

　　繼續來看另一個例子，散裝航運的中航，二〇一八年四月到八月的週K圖更明顯了，經過四、五個月看不清楚方向的盤整期，出現一根帶量突破的關鍵紅K線，正式確認多頭趨勢，股價開始發動了。

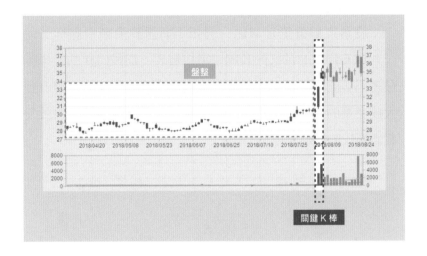

　　根據統計，不管是整體股市大盤或是個股，平常約有七成以上時間都處於沒什麼表現、固定區間來回震盪的盤整期，而這正是投資新手最容易虧錢的地方，因為缺乏操作技巧，又在盤整期頻繁交易，這時不管怎樣進進出出，講難聽一點，就是瞎忙啦！

　　既然盤整期看不出方向，我們空手觀望就好，不要這麼急著進場。等待多方、空方彼此殺完之後，出現了「關鍵K

棒」之後再進場，勝率會提高很多。

　　而要找出關鍵K棒，其實一點都不難，盤整後出現第一根帶量長紅K線，你一定看得懂，就是一根非常扎實的實體紅K棒，表示收盤價比開盤價高很多；這樣的關鍵K線，可以說是當主力好不容易在漫長的盤整期默默吃完貨了，正式準備開始拉抬一檔股票時，通常會做一根放量長紅來表態，吸引市場關注；但同樣的道理，如果股票已經漲到較高的位階，突然出現一根長綠的爆量綠K線，之後的走勢就容易下跌。

● 別在盤整期瞎忙──型態學

　　辨別盤整期是否結束，三角形收斂形態也是常用的方式。我們把一段時間股價走勢的最高點和最低點連起來，如果有辦法形成三角型，就表示盤整行情走到尾聲，開始會有趨勢產生了。但趨勢可能是大漲的開始，也可能是大跌的開始。

　　理論上來說，如果畫出往上升的三角形，一個底比一個底高，股價又向上突破，我們就說這是盤整結束，股票準備開始上攻的訊號；反過來講，如果是下降的三角收斂，高點一個比一個低，股價又跌破這個型態，我們就說未來股價一路探底的機會很高。

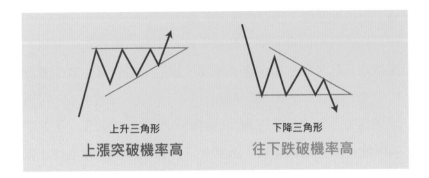

上升三角形
上漲突破機率高

下降三角形
往下跌破機率高

除了三角收斂，還有一個好用的型態學是「W底」，也就是在股價上上下下的過程中，會形成一個我們認識的英文字母W形狀。兩個凹下去的低點，我們稱為腳，右腳比左腳高一點，接著在W兩腳中間的折返點，連起來畫一條水平線，技術分析的術語稱為「頸線」，當我們看到股價走勢出現一個W型態後，接著股價上漲超過這個頸線時，技術分析就會預期未來股價會持續上漲，超過頸線的這個地方，就是一個可以買進的時機。

這邊要搭配股市成交量來看，交易量從第二支腳開始放大，是標準的W底築底完成型態，也是股票要開始上漲的訊號。

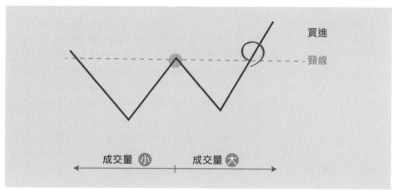

* 第二隻腳的低點較第一隻腳的高。

　　而且W型態的頸線也有預測價位的功能，把頸線減去左右腳中任一個最低價的腳，這中間的價差就會被視為股價從頸線往上漲後能夠到達的價位。舉例說明：假設左腳最低價出現在三十三元，頸線在四十五元，中間價差 45 － 33 ＝ 12，那麼，我們預期目標價可以漲到頸線四十五元往上加十二元，也就是五十七元上下。

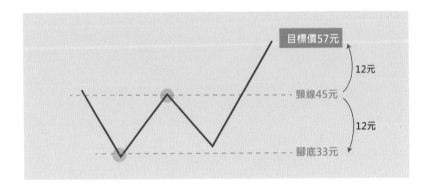

大家不妨自己練習看看，是否有辦法運用W型態學找出可以買進的時機？

先畫出W，中間折返點，畫一條水平線頸線，當股價漲破頸線位置後，就是適合買進的時機。把價位的概念套用進來，頸線位置假設是五十八元，左腳底是五十元，中間價差是八元，我們就會預期它的目標價應該可以從頸線往上漲八元，到達六十六元。

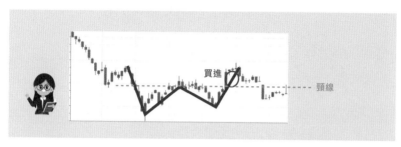

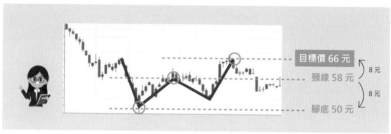

　　有了W底的基礎概念之後，我們把W底倒過來變成M，同樣能找到賣出訊號。二個對應高點，我們稱作肩膀的肩，把低點的折返點畫出一條水平線，一樣稱為頸線，一旦股價正式跌破頸線，同時搭配交易量縮小，M頭型態完成，就建議賣出股票。

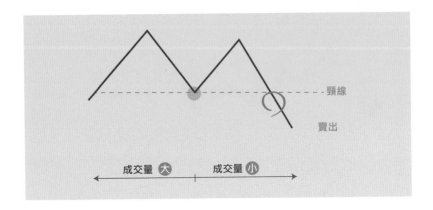

　　不管是關鍵K線、三角收斂突破或W底型態學，中心思想都是希望找出確定有**轉強訊號**的股票，順勢而為，這也是我在波段操作時最在意的事。

4-6

面對虧損，我該「向下攤平」嗎？

「面對虧損，我該『向下攤平』嗎？」

朋友們七嘴八舌討論著：

「之前比較貴時都敢買了，現在更便宜了為什麼不買？」

「跌下來繼續買，才能讓整體持股成本降低啊！」

「才不！向下攤平可能愈攤愈平，最後直接躺平。」

要解這道題，我想到《理財規劃師》考試題庫裡就有這麼一道題：

Q：使用加碼攤平策略時，應注意的原則為何？

一、最適合於盤勢下跌時使用

二、僅適合於單一投資標的

三、最適用於資金充足且長期投資者

四、較適合於以融資操作放大財務槓桿之投資人

正確答案是「三、最適用於資金充足且長期投資者」。

你們有看出可以向下攤平的二大前提嗎？資金充足、長期投資。我的解讀是，如果我們還只是一般的薪世代，沒有雄厚資本讓我們忍受30%、40%的帳面虧損，如果只是想操作短期波段賺價差，並非以長期投資爲目的，那麼已判斷錯誤過一次，眞的不宜一錯再錯，應該避免向下攤平。

若要向下攤平也不是不可以，我的建議是最多就一次，而且還有些前提要注意：

一、你是眞的下過功夫了解這間公司，是依據自己判斷的邏輯買進，而不是從隔壁同事嘴巴裡聽來的股票明牌。

二、檢視這檔股票占你的整體帳戶市值比重。「雞蛋不要放在同一個籃子裡」這句話永遠是聖經，如果這檔股票已經占整體資金比重五成以上，繼續加碼向下攤平之後，你的資金將有六成、七成都壓在它身上，那眞的大可不必了，你的情有獨鍾應該用在對情人，而不是對股票。

我認爲與其學習如何向下攤平，不如好好學習如何「停損」，投資股票本來就沒有不敗的神話，有時贏、有時輸，逐步累積獲利，才是交易！

● 「停損」，降低不必要的損失！

比起投資成功的經驗，有時失敗的經驗更值得學習。每回我接受媒體採訪，記者都會問一個問題：「妳有沒有買股票賠錢的經驗？」於是乎就出現了「財經主播買股慘賠40%」的斗大字體標題。

是的，我曾有買股票出現負40%報酬，近二十、三十萬元的虧損，等於幾乎賠掉小資族大半年的薪水，心痛呀！到底發生了什麼事？細究之下發現二大原因，我買了「景氣循環股」，又不懂得「停損」。

「景氣循環股」辨識方式很簡單，端看它每年EPS每股獲利的穩定性就能知曉。景氣循環股深受產業、經濟景氣影響，供給、需求起伏大，EPS時而高、時而低。所以，景氣循環股操作難度特別高，隨便在Google上打入關鍵字，跳出來的形容大多不外乎「難操作、風險高，但獲利潛力也是最吸引人的股票」。

你還記得「3-5就愛高殖利率？『股利成長股』更吸睛」一文中提到的「股票股性」嗎？我們來複習一下。

股票股性

EPS 稅後淨利（元）

	第一年	第二年	第三年	第四年	第五年	第六年	第七年	第八年
定存股	5	5.5	4.9	5.1	5.5	5	4.8	5.2
成長股	5	5.5	6	6.5	7	7	8	8.5
景氣循環股	5	4	6	-2	5	7	1	4

景氣循環股大致分為二大類：

一、和原物料（石油）價格密切相關的產業。

二、和經濟景氣密切相關的產業。

包含水泥、塑化、鋼鐵、營建、航運，電子族群裡的 DRAM 記憶體、被動元件和面板。這類股票行情說來就來，跟在潮流上獲利驚人，但行情也如同「春天後母面」，說翻臉就翻臉，股價怎麼漲上去就怎麼跌下來，我就是在景氣循環股中栽了跟斗，不過會一路走到負 40% 報酬，不懂得停損也是關鍵原因。

所謂停損，就是降低不必要的損失，把虧損止住，不要繼續擴大。留得青山在，不怕沒柴燒。就像創業做生意，如果生意不好，持續燒錢也不是辦法，應該設下停損點；就像不適合的感情，明知彼此沒有未來，硬要拖延下去也是無解，適時該忍痛說掰掰。

摔過一跤後，如今我的波段操作都嚴守停損準則，我的方法是：

一、**跌破季線**：當股價跌破季線（六十日均線），表示過去六十天買進股票的人都賠錢，全都套牢了，基本上就代表這支股票已經轉空了，尤其**股價跌破季線，又搭配季線走勢下彎的時候**，這檔股票幾乎就很難在短時間內再爬起來了，下次再彎回來至少是好幾季以後的事了。若股票跌破季線，季線又下彎，就該是給自己設停損點的時候了。

　　例如，二〇一八年的國巨股價曾漲到一千一百元，隨後跌破季線的價位是九百多元，萬一不小心追高在一千一百元買進，又沒在跌破季線適時停損，後來國巨股價最低曾跌破三百元，是超過七成的虧損呀！你或許會說：「沒關係，我跟它凹，等它重新漲回來。」但以國巨來說，截至截稿的二〇二二年四月為止，股價都沒有站回過九百元。

二、**跌破關鍵K棒**：當股價經歷過一段盤整期後，出現帶有成交量，攻擊樣態的長紅關鍵K棒後，我們會認為未來股價可能表態上漲。然而實務上，可能碰到「假突破」，也就是長紅棒後，股價跌破長紅低點，且三天都站不回去，代表爆大量當天買進的人全都

套牢了，這時候關鍵Ｋ棒的最低點，就是我停損止血的地方。

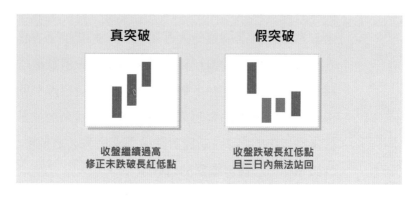

真突破

假突破

收盤繼續過高
修正未跌破長紅低點

收盤跌破長紅低點
且三日內無法站回

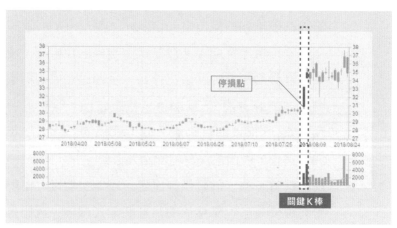

關於停損，它真的很違背人性，「只要不賣就不算賠」這種自我催眠的魔力實在很強，但老生常談，如果小賠時沒有

停損出場，未來真的可能賠更多。由於我曾有沒停損而慘賠
40% 的經驗，痛過就知道停損的重要。一定要告訴自己：投
資股票，沒有永遠的贏家，股市沒有不敗的神話，有時贏、
有時輸，永遠保持一顆謙卑的心，逐步累積獲利，才是交易。
停損造成的虧損，就當作必要的學費，學會放寬心。

4-7

那些年股災教會我的事

　　「你睡公園了嗎？」、「你畢業了嗎？」二〇二〇年到二〇二二年，短短三年因為 Covid-19 疫情、烏俄戰爭、美國升息，台股至少遇上三次又急又猛的跌勢，每回暴跌時間也許不算特別長，但三天大盤跌千點或單日暴跌五百點，此時只要手上有股票的人，幾乎不可能沒有部位受傷。打開社群股版，充滿著各式各樣「綠化」程度極高的對帳單，網友們自我解嘲戲謔，有時還真療癒。

　　投資學上說：當股市從高檔回檔下跌20%，即視為進入「技術空頭熊市」。高山嚮導說：如果在高山上遇到熊，反擊會非常危險，最好的辦法之一就是「裝死」。在投資市場遇上熊市，裝死是否有用？

　　陸續經歷過中國股災、中美貿易戰到 Covid-19 疫情、烏俄戰爭，這些年的股災逐漸教會了我一些事。

● 停損要快、狠、準

股票投資風險分爲「系統性風險」和「非系統性風險」。「系統性風險」指的是大環境的政治經濟問題，例如烏俄戰爭造成股市大跌，這時不會只有台灣股市下挫，美國會跌、日本會跌、歐洲也會跌，而且都跌得又急又猛，稱爲股災。而「非系統性風險」則是公司本身經營的問題，可能是公司面臨轉型陣痛期、訂單被對手搶走等，這種非系統性風險屬個別股票下跌，不太會擴及到大盤。

每當遇上全球一體適用的系統性風險時，非長期投資部位、短期投機的持股，停損一定要快、狠、準。投資市場裡有這樣的說法：「**做多賺得多，做空賺得快！**」想要賺 20% 一個波段可能要花至少一季左右的時間，但股災來臨時，可能三、五天就跌 20% 了。

因此，苗頭不對，忍痛停損賣出一定要快，千萬不要以爲沒關係給它跌，擺著等回升就好。你要知道一百元股票跌到八十元，是跌 20%，但要漲回到一百元，不是 20%，是要漲 25%；一百元股票跌到七十元，是跌 30%，但要漲回一百元，可是要漲 43%，真的不容易。

面對大盤又急又猛的跌勢時，我會檢視自己手中的部位，評估哪些是投機性質比較高的持股，先砍再說，把現金留在手上，避免過重跌勢虧損，待利空消化完後再重新進場，我認為這才是資金最有效率的運用方式。

● 熊出沒！避險黃金、債券也會跌

過去傳統投資學都教我們：當有風險出現時，可以找避險資產躲一下。所謂避險資產，不外乎黃金、債券。但幾次股災中，我發現這些避險資產其實一點也不避險，常和股票一樣說跌就跌。

我歸納出的結論是：在非戰爭造成的系統性風險時，一旦波動過大，所有的避險商品都會跟著暫時失效。以黃金來說，實務上鮮少人會真的拿現金去買金條回來放在家裡，大部分人都是透過金融衍生性商品來買黃金，既然是金融衍生商品，就有槓桿成分在裡面，所以當股市重挫，市場風險波動過大時，大家會「去槓桿」，把黃金賣掉、把債券賣掉，畢

竟「現金爲王」。

　　我曾經在市場波動大時操作黃金、債券等相關 ETF，但幾次經驗下來發現，眞正最抗跌的只有「美元現金」。若眞要操作避險資產，反而「美元指數」才是眞正能避險的工具。

● 國安基金進場時，放心買市值型ETF

　　我在財經電視台工作時，每回碰到台股隨國際情勢急跌，採訪中心長官都會要我們去採訪國安基金操盤手。雖然每次回答都大同小異：「台股基本面佳，國安基金會隨時關注市場，必要時不排除進場護盤。」但這就是財經記者的日常，跑新聞不能漏的行程。

　　所謂國安基金，它的全稱是「國家金融安定基金」，每當國內外發生重大事件導致台股市場失序下跌時，國安基金委員會有權力在符合條例規範下，進場安定操作買股，以維持資本市場及其他金融市場的穩定。通常護盤的基本條件爲：台股下跌幅度逾 20%、指數觸及十年線。

近十年國安基金進場概況

進場時間	進場指數	背景事件	一個月後台股漲幅
2011.12.20	6966 點	歐債風暴	3.8%
2015.08.25	7675 點	中國股災	9%
2020.03.19	8681 點	新冠疫情	21%

　　端看近十年，國安基金真正進場護盤不過三次，它正式進場後一個月，台股都重回漲勢，毫無例外。我因此得出心得：一旦國安基金宣布進場，就是給我們小散戶打出可進場的暗號。當下市場恐慌氛圍絕對非常濃烈，若買個股，有時真不是一般心臟有辦法承受的，所以建議大家優先買「市值型ETF」，是可以安心撿便宜的標的。

　　以台股來說，市值型 ETF 即為 0050（元大台灣 50）和006208（富邦台 50），買進這二檔 ETF 等於是買了台股前五十大的公司，相對安全。美股則建議可優先購買 00646（元大 S&P500），市場上還有另一檔追蹤美股道瓊指數的 00668（國泰美國道瓊 ETF），但成交量偏低，比較不建議。

● 底部出現時會有什麼訊號？

　　長期投資部位容許抄底，愈跌愈買，但短線波段持股，

我還是建議採取右側交易策略，隨著跌勢放空，隨著漲勢做多，順勢而為。不過我本身是不放空的，因此當股市不好時，我多半是看多做少，只有看到底部轉強訊號出來之後，才會重新進場。你一定會問：底部轉強會有什麼訊號？

一、先跌的是否先止跌？人氣股是否回升？

股票市場也是一場心理戰，投資人有沒有信心影響著市場氛圍與股價。每當市場大幅回檔時要判斷跌夠了沒，我會觀察這場風暴從誰開始跌？假設從半導體類股開始跌，我就去觀察台積電、聯發科這類指標股還有繼續跌嗎？假設由航運股開始下挫，我就去觀察長榮、陽明止跌反彈了嗎？

二、融資減肥幅度

融資被稱為是散戶指標，融資餘額過大被視為籌碼凌亂的象徵，如果想找底部訊號，也可以從融資減幅來尋找。假設大盤指數從 17,709 點跌到 15,159 點，共跌了 2,550 點，跌幅約 14%，同期融資大減了 20%，融資減幅遠大於指數的跌幅，我們就會認定融資浮額洗乾淨了，依照過去的經驗，指數也差不多落底了，不但可能漲回前高，還會漲得更多。

三、股價連三天不再破底，成交量減少

想確認底部反彈訊號，最基本的是股價本身必須守住低點，三天都不再跌破，才可確認行情正式止跌，在行情未止跌之前，保留資金最重要。太早進場，有時接的不是便宜，而是接刀。

成交量是最簡單、最直接能夠表現多空雙方交鋒力度的觀察視窗，量大就表示多空雙方對價格的看法分歧，尤其在價格下跌的過程中，成交量大，等於「牆倒眾人推」，跌勢難以止歇；但成交量縮小則說明，多空雙方對價格的看法逐漸趨於一致，當股價續跌，但成交量愈來愈小，也反應差不多無人想買，也無人想賣了，這是價格止跌回升很重要的訊號。

實際舉個例子：2308（台達電），二○二一年五月隨著台灣本土疫情蔓延，股市重挫，波段跌幅超過 20%，然而在五月十二日盤中創低點，拉出長長下影線後，連續三天股價都沒有再跌破五月十二日盤中最低的二百四十五元，配合成交量持續縮小，就是底部轉強訊號浮現，隨後指數波段最高反彈到三百三十五元，波段漲幅 22%，請參見第 229 頁圖。

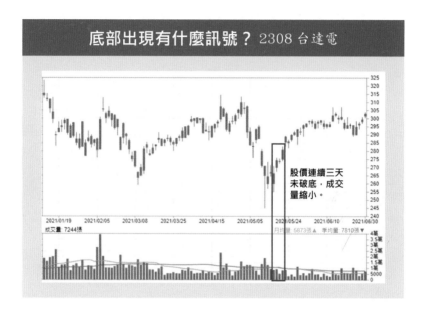

同樣的例子，1301（台塑），二〇二一年五月本土疫情
爆發後，五個交易日就跌 19%，瀕臨熊市，怎叫人不心慌？
不過隨後連續三個交易日，股價都未再破前低，對應下方成
交量也明顯縮小，就是一個底部浮現股價轉強的訊號，請參
見第 230 頁圖。

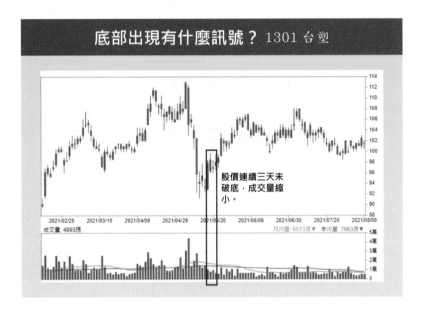

底部出現有什麼訊號？ 1301 台塑

股價連續三天未
破底，成交量縮
小。

4-8

有內線消息要報給我們知道喔！

　　每當親戚、朋友知道我在財經電視台上班時，十個人之中有八個人會說：「有內線消息要報給我們知道喔！」剩下沒問的二個人，不是對投資沒興趣，就只是分心沒聽清楚罷了！大家說這句話時的眼神都會帶點奸詭，彷彿我口中即將冒出的四個數字（股票代號）就是下一期的樂透獎號，能讓人瞬間翻身。

　　我們生活中很常見這種狀況，某某某的誰誰誰在某家上市公司上班，說他們公司業績即將爆發。我們總是捻著這個不知道繞了幾手的消息，小心翼翼地捧在手掌心裡，彷彿一塊心頭肉，如同等待樂透開獎前那一刻，希望無窮。

　　我也曾有類似經歷，一位前輩告訴我，他的家人認識某某電子公司老闆，這位老闆說他們公司二個月後的業績很好，股票會漲。我馬上把這個「獨家消息」分享給家人，自己也躍

躍欲試地入手了二張股票。

「這家公司做什麼？大客戶是誰？」

「我不知道！」

「業績為什麼突然增加？」

「不知道！」

「有什麼其他資金提早卡位布局了嗎？」

「不知道！」

我根本不認識這間公司，但當時覺得：我得到獨家明牌了，只怕自己資金不夠買少了，其他的重要嗎？

買進後沒多久，那檔股票股價出現一小波下跌，我心想：「時間還沒到，老闆說二個月後業績爆發，現在不用緊張！」眼見股價比先前入手時還低，趕緊再買一張。又過了一個月，股價都在小漲小跌中度過，終於到了老闆口中業績不錯的那個月，營收數字公布出來，真的很不錯，雙位數成長，「耶！我押對了！」

奇了！亮眼業績公布之後，這間公司的股價沒漲也沒跌，安靜得不得了，卡了大筆積蓄在這支股票三、四個月的我開始失去耐性，最終把股票小賠賣出，心中暗自低語：「這明牌太不準了吧！」

前輩有騙我嗎？其實沒有，這間公司公布的營收數字確

實很不錯，但為什麼公司股票沒有變成飆股呢？多年後回過頭來看這段往事，其實原因很簡單，股價漲跌從來就不是是非題的「YES or NO」，並非只靠單一種因素就能讓股票漲或跌。影響股價漲跌的因素太多了，至少包含：

基本面：公司本身經營情況、整體產業情況，總體經濟政治大環境狀態。

技術面：技術型態多空走勢。

籌碼面：三大法人有無關注？主力大戶有無進場？

情緒面：所有股市參與者信心度。

以我的例子來說，就算公司老闆說公司接單狀況好、業績佳，但只要市場資金熱度不在這個產業上，外資、投信、主力籌碼沒有關注，業績再好，股價當然可能一動也不動。

漸漸地，面對每天充斥在身邊的各方消息，我養成了這套應對方式：

問自己，這消息是只有我知道，還是大家都知道？

其實絕大多數消息，你我都心知肚明，我們絕對不是唯一知道的人，這個消息都不知道轉幾手了，更不用說報紙刊登出來的消息，幾乎可說參與股市的千萬人口都會知道，你還覺得這個消息是能讓你的財富翻倍的潘朵拉盒子嗎？

● 股價反應最真實

面對消息，當我不知道真實性、不知道該如何解讀時，我會回歸最簡單的一招：「觀察股價反應」。市場無時無刻都充滿雜訊，股價走勢才是最真實的，讓股價來說話，讓股價來解讀消息的真偽。

以前我當記者時，常常會處理例如：「Mini LED 需求佳，○○大漲挑戰百元價」、「資金派對告終，道瓊大跌五百點」，身為媒體從業人員，我必須說這些新聞中冠上去的漲跌因素，很多時候都是行情已經發生了，我們才設法去幫它「找理由」。因此，與其說看到某個消息預測股價會漲還是會跌，不如說是已經看到股價漲跌方向後，才回過頭幫它戴上一頂合邏輯的帽子。因此面對消息，觀察股價真實走勢才是最好方式。

● 用定錨效應面對股市消息

我的電腦裡有一份檔案，裡面寫著全台灣各縣市我想住的飯店、民宿，每當有假期時，我便會擇定一個縣市開始安排行程，雖然已有想住的口袋名單，但我還是會多查幾間住宿地點做比較，但往往比來比去，最終還是下訂一開始就想住的飯店。

這種第一印象影響最終決策的現象，心理學上稱「定錨效應」，簡單來說是指我們在決策時，容易過度偏重一開始的資訊（稱為錨點）快速做決定，也可用「當局者迷」來形容。對應到股票投資上，有人認為這樣不好，但我認為，面對每天市場上紛雜的消息，「定錨」反而非常重要。

　　定錨自己一開始對個股的見解，定錨景氣方向，才能讓自己穩住，不輕易受到消息影響擺盪，哪怕我們一開始的「錨」就定錯方向，但總比三心二意變來變去來得好，因為定錨定錯方向還能靠著「停損」機制來避免損失擴大。最後再給大家一個小建議：**多看數據，少看消息。**

機智選股生活

　　二〇二〇年底，我因為主持活動的關係，造訪金融博覽會，當天就像金融業者彼此間的面子、裡子之爭，大家都在自個兒攤位展示出最創新的金融科技服務，出動人力車輪戰，比工作人員數量、比團隊口號誰呼得響亮。我在會場中看到永豐金控以黑色做為攤位場館主色調，推出數位金融酒吧體驗，用夜店風霓虹燈裝飾之餘，還請來了調酒師進駐，輔以許多互動遊戲，例如透過數位輪盤模擬人生各階段會面臨的情境，包含儲蓄理財、買房成家或小額投資等金融需求，相對於其他金融業者傳統嚴謹的形象，我的感覺是「嗯！永豐好像不一樣了」。

　　同一時間，也看到永豐金積極做了許多行銷活動，推廣台股、美股存股和數位銀行，於是金融博覽會過後，我在十一元左右的價位陸續買了一些股票，到二〇二二年四月，股價已翻到歷史新高，波段漲幅超過六成。

　　當然，股價上漲的理由很多，絕不是因為展覽會辦得新穎就會漲，但我想向大家傳達一個訊息，這即是生活中找商機、找標的的實際故事。投資理財其實很生活化，絕不是枯

燥的數字遊戲。投資股票要把我們賺的辛苦錢押在不相干的公司上，你有沒有辦法弄懂標的公司的業務，這家公司業務能不能讓你認同有感是很重要的。

● 培養第二層思考

美國橡樹資本管理創始人霍華・馬克斯（Howard S. Marks）曾在著作中分享不少獨特見解，其中之一是如果想打敗大盤，獲得比市場報酬多的好表現，投資者不只需要運氣，還需要卓越的洞察力——即是第二層思考（second level thinking），也就是要比別人想得更多、更深入。

例如，第一層思考的人會想：這是一家好公司，我要買進這家公司的股票。而第二層思考的人則會想：這是一家好公司沒錯，但大家都把這家公司想得太好了，事實上它沒有大家想得這麼好，大家高估了這家公司，股價也被高估了，所以我應該要賣出這家公司的股票。

因為工作的關係，我實際接觸過許多在投資上很有想法與能力的人，我發現這群人共同的特質就是第二層思考或聯想能力很強。例如，看到報紙上刊登台泥砸二百億拚轉型綠能產業的新聞，他們會開始想：台泥如此跳 Tone 地進行和

水泥本業絲毫無關的投資，到底是為哪樁？他們會開始思考背後的原因，開始研究綠能產業，研究台灣有哪些綠能企業、充電樁、儲能設備業者等。又或者台灣本土疫情爆發時，一般人第一時間可能只聯想到買口罩，口罩股票會漲，但這群人卻想著：大家都關在家裡不出門，網購需求一定會大幅增加，因此宅配相關業者、電商平台業者，乃至於電子支付業者都將受惠，從中選股買進。當然這也是投資選股思考時有趣的部分。

● 風險、報酬、成本＝投資鐵三角

面對投資理財，不論是投資新手還是老先覺，其定義在於投資人到底懂不懂真正的投資理財觀念，並不是接觸投資理財時間愈久，就是所謂的老手與高手，實際上還是必須看知識與想法是否正確。

所謂的風險分散，即是雞蛋不要放在同一個籃子裡的概念，當然也是資產配置的概念，對應在股票上，股票產業有分傳產股、金融股、電子股等類別，就不該完全只買電子股或只買金融股，應該不同類型都要有。同樣的，我也不會只存 ETF 而完全不碰個股，或只買個股而完全不買 ETF。金融商品的選擇上，我的核心資產不會只有股票，也會加入基金，

未來希望能加入自住以外的房地產。

在追求報酬上，我覺得應該追求「合理報酬」，而不是「高報酬」，全球最大避險基金橋水（Bridgewater）創辦人達里歐（Ray Dalio）曾說：「我有一千五百名全職的專業分析師，每個人都配備有最先進的電腦設備與分析工具，這就是必須打敗的對手，你認為自己的勝算會有多少呢？明顯是很困難的，所以建議大多數投資人應該要做的，就是建立一個分散風險的投資組合，追求合理的投資報酬率，而不是去想打敗市場獲得高額的報酬率。」

股市多頭時，常聽到身邊親朋好友買一檔股票，短時間就賺 40%，但那是在股市大多頭時，其實「選股」與「擇時」對任何人而言都是非常困難的，絕大多數的專業基金經理人都無法持續打敗大盤，連股神巴菲特都不是靠短線的買進賣出才成為股神，那該怎麼正確投資呢？還是要回到投資的三項原則：分散風險、降低投資成本、長期持有。

總而言之，我想和各位讀者朋友們分享，選股、買股、投資理財真的是一件很有趣的事，為自己建立好長期核心資產部位，面對職涯轉換時，讓自己多一點選擇的時間與空間。撥一部分錢追話題股，從生活中找商機，賺到波段快錢可以讓自己吃頓好料，旅行時住間奢華飯店，提升生活品質，**花錢是享受，理財是成就**，讓我們一起擁有機智的選股生活吧！

WIN系列029

零基礎！機智選股生活：
用台股打造「財富後盾」，人生更有安全感

作　　　者—— 葉芷娟
主　　　編—— 邱憶伶
行銷企畫—— 林欣梅
封面設計—— 姜筱涵
封面攝影—— 播鵝鑼達 趙崇禮
內頁設計—— 林樂娟

編輯總監—— 蘇清霖
董　事　長—— 趙政岷
出　版　者—— 時報文化出版企業股份有限公司
　　　　　　　一〇八〇一九臺北市和平西路三段二四〇號三樓
　　　　　　　發行專線——（〇二）二三〇六六八四二
　　　　　　　讀者服務專線——〇八〇〇二三一七〇五・（〇二）二三〇四七一〇三
　　　　　　　讀者服務傳真——（〇二）二三〇四六八五八
　　　　　　　郵撥—— 一九三四四七二四 時報文化出版公司
　　　　　　　信箱—— 一〇八九九臺北華江橋郵局第九九信箱
時 報 悅 讀 網—— http://www.readingtimes.com.tw
電子郵件信箱—— newstudy@readingtimes.com.tw
時報出版愛讀者粉絲團—— http://www.facebook.com/readingtimes.2
法　律　顧　問—— 理律法律事務所 陳長文律師、李念祖律師
印　　　　　刷—— 華展印刷有限公司
初　版　一　刷—— 二〇二二年六月三日
初　版　五　刷—— 二〇二三年十二月二十日
定　　　　　價—— 新臺幣四四〇元
（若有缺頁或破損，請寄回更換）

時報文化出版公司成立於一九七五年，並於一九九九年股票上櫃公開發行，
於二〇〇八年脫離中時集團非屬旺中，以「尊重智慧與創意的文化事業」為信念。

零基礎！機智選股生活：用台股打造「財富後盾」，人
生更有安全感／葉芷娟著. --初版. --臺北市：時報文化
出版企業股份有限公司，2022.06
　　面；　公分. --（WIN系列；29）
ISBN 978-626-335-459-3（平裝）
1.CST:股票投資　2.CST:投資技術　3.CST:投資分析
563.53　　　　　　　　　　　　　111007065

ISBN 978-626-335-459-3
Printed in Taiwan